让 我 们 一 起 追 寻

〔德〕博托·施特劳斯（Botho, Strauß） 著

何·婧 译

傻瓜之光

Lichter des Toren

白痴和他的
时代

Der Idiot
und seine Zeit

歌德学院（中国）
翻译资助计划

译

社会科学文献出版社
SOCIAL SCIENCES ACADEMIC PRESS (CHINA)

1

少年和**他的兄弟，一个白痴，**一起沿着乡间公路向外走。少年的步伐是多么的僵硬与机械！人们根本无法分辨出二人中谁才是哥哥。是圆头圆脑、笨手笨脚的那个生物，还是正搀扶着他的人？他们可是亲兄弟。白痴低垂着脑袋，毫无缘由地笑了起来，那笑发自内心、痛快直接。这个低能儿是个没有主心骨①的人，那挺直了身板儿的兄弟就是他的主心骨。他依靠着兄弟，贴着他向前走。站直了的少年时不时地往回收下胳膊，仿若一个身子僵直的妻子正把醉酒的丈夫拉向自己，防止他踉跄跌倒。是的，他甚至是在使劲地拖拽着白痴，生拉硬拽从而让其步伐更稳固。然而，这个智力低下者只是短暂地中断了一下，而后又马上开始尖声啜泣般的痴

① 此处德语原文为 Stab，表示拐杖，并附注拉丁语 bacillum，亦表示拐杖、权杖。——译者注。本书页下注均为译者注。

笑，仿佛是从上帝那儿获悉了关于人类的独一份的信息，以致开怀发笑；这信息看来至少把他放置在了一个更高的一致性之上。他仿佛是在为一阵持续不断的轻笑服务。那笑声穿过几重天，盘旋降落于尘世表面。他犹如一种媒介，就像是一个贝壳，已不由自主地为发出永恒的回声做好了准备。少年领着白痴朝出口走去。在路上，少年伸手从裤袋里掏出了一大块方手帕，好让始终咯咯偷笑的白痴擤鼻涕，正如那些母亲对不停抹鼻涕的小孩所做的。少年在自己和村里人面前摆出的这副成年人模样，充满优越感却又笨拙窘迫。这一举动本可以直接刺激被照顾的白痴兄弟，令其发出痴笑。然而，白痴早被那来自无限远方的信息逗乐，无暇感受身边的任何事物。

　　白痴的出现好比一种情绪，它能在瞬息之间大为舒展松弛，向远方过度地扩散绵延，以致再也无法收回至原点。理智的灭亡令上百万人惊诧不已，而他也许就是这些人的原型和首当其冲的那一个。他或许也是一种感受的前身，一种人类为了自身而体现出的完全封闭的、自主的感受。因此，这个白痴所感受到的一切，都被他认为是由其自身，而非由任何世界、星球或是他人的目光所造就的。

白痴化作为精神的反抗性基础，斯威夫特①和福楼拜都对此颇感兴趣。前者本人就直接疯了②。对于福楼拜而言，白痴化则是他渊博知识的亲密女伴。贡布罗维奇③也紧随他们的脚步，但尚未成功。

斯威夫特曾对扬④说："我就像这棵树。我从树梢就开始坏死了。"

像布瓦尔和佩库歇⑤那样勤快的伙计，要是放在今天，过量的网络链接将会灌满他们，把他们变成畸形的精神怪物。

智识贪婪地想要触碰并探测愚蠢，但从未能猜中或

---

① 乔纳森·斯威夫特（Jonathan Swift, 1667~1775），英国作家，曾创作作品《格列佛游记》《一只桶的故事》等。
② 斯威夫特年幼即罹患脑病，晚年更是身患数种疾病，耳聋头痛，最后几年精神失常，时常陷入昏睡。
③ 维托尔德·贡布罗维奇（Witold Gombrowicz, 1904~1969），波兰小说家、剧作家、散文家。代表作品有《费尔迪杜凯》《横渡大西洋》等。
④ 爱德华·扬（Edward Young, 1683~1765），剧作家兼文艺评论家。
⑤ 两个人物出自福楼拜未完成的长篇小说《布瓦尔和佩库歇》（*Bouvard et Pecuchet*, 1881），二人在小说中的角色原为抄写员，后放弃工作到乡间开始"学术生涯"。他们充满热情地涉猎大量学科，却最终一事无成。

理解愚蠢半分。

愚蠢的内核柔软而透明，如同蜻蜓的翅膀一般，它闪耀着击败了智识之后的光芒。

自智识成为一种大众的才能以来，聪明与单纯就几近灭绝。白痴因而成了具有多重象征意味的形象，如双面神雅努斯①：他一面向前望着信息占有者，即信息－痴呆②；一面带着不为所动者的快乐向后望去。在一个信息占有者的世界做个快乐的白痴，意味着不为可能来临的风波而心神不宁，能够毫无忧虑地生活。不仅如此，白痴还需以一种信息占有者无法理解的说话方式来传播信息，它能够传递隆隆作响的地下传来的振动，但不减其烈度、不失其真貌。

相比其他人，在观看诸多事物时，白痴必须抱持着更为刺痛人的和犀利的目光。他不能用"预先编程"的理性和浅显易懂的智力作润滑剂，让棱角分明的与众不同之物摆脱继续摩擦和碰撞的命运。在他看来，单独

---

① 两面神雅努斯（Janus）出自罗马神话，他有两副面孔，向前的一副老年人面孔望向未来，向后的一副青年人面孔望向过去。

② Demente，该词源自拉丁语 demens，意为非理性的、疯狂的，现多指痴呆症、白痴、精神错乱的、发狂的。

的物体始终保持着孤立，他不能在一个由贪婪整体造成的旋涡中来理解它。个体之物对他来说，并不仅仅是庞大模块组装建造中的一个模块。

在对 20 世纪的比喻中，"妄想"（Wahn）是核心的一个。"白痴"则可能成为 21 世纪的象征。尽管"世纪"这一概念也许还有些模糊。

每个人都是自己无知的锻造者……人们想要亲近一个小孩，这个小孩会在智识耗尽的尾声出现。人们期盼他能够轻声地从根本上反驳我们，并向我们证明：我们这些自以为无所不知的人，早在一开始就犯下了严重的错误。这个小孩的出生地既非头脑之中①也非两腿之间，他是作为一种美妙且全然接地气的精神，在我们知识最明朗的狂喜之中诞生的：人们将理解从他的出身中驱逐出去，他的出身完全是一种奥尔弗斯式的②（orphisch），而非圆滑的理智。人们厌恶且排斥黑暗，

---

① 此处"在头中出生"借用了希腊神话的典故，即雅典娜出生于宙斯的头脑之中。

② 奥尔弗斯，也译作俄尔甫斯。古希腊神话中的奥尔弗斯是带有传奇色彩的诗人、音乐家和歌手，公元前 8～前 9 世纪出现了以他命名的秘传宗教派别，集诗歌和宗教教义、宗教生活实践为一体。Orphisch 一词现在也指"神秘的、隐秘的"。

一面居高临下地对它反讽，一面也用了恶魔般的熟练手腕。在此，精神带着无所不能的意识高歌猛进。这是一种不让它停顿、不允许它陷入犹豫的意识。

然而，不是只能这么做，而是不能做不一样的（不是只能如此，而是不能不如此），触发了螺旋上升式的前进。

我们的脑袋围绕着地球旋转，在最紧贴近地点的地方①……我们罕有地与赤裸的事件靠得如此近，如此毫无思想地贴近。

没有任何的距离间隙以供"反映"（reflektieren）。人类与自身之物保持高度一致，正如在迷狂的最初时代，人类与他们的神祇之间的关系一样。

"我从不思考。我总是准备好迎接一切。"这句由戏剧家格奥尔格·凯泽②留下的名言，正适合成为相应人类的座右铭。

而现在迷幻（Trance）则意味着：于组装结构中感

---

① 近地点（Perigäum）指航天器绕地球运行的椭圆轨道上距离地心最近的一点。

② 格奥尔格·凯泽（Georg Kaiser, 1878 ~ 1945），德国剧作家，其剧作常有表现主义色彩，代表作品有《从清晨到午夜》《加莱的公民们》等。

受自身。

21 世纪初，边缘人这一类型几乎在社会与文学中销声匿迹。特立独行者刻意与新式的公共讨论保持距离，这些论坛只欢迎融入者。今时今日，特立独行者头顶的光环已经消退，对大多数人而言，他也许更像是个古怪可笑的人物。一致、正确、共识，这是由批评性的公众氛围所营造出的正确环境。对此，好似细菌一般的新媒体，成群结队地蔓延，仅发挥了加固作用。主流只能往更宽处奔涌，变得越来越让人觉得轻松和充满权势。与此同时，主流还以愈发狡猾的手段来组建使人麻痹的共同体。但是，并没有什么普遍的东西可以阻挡特殊之物。如果所有人都认为，即使位于最遥远的地点，尽力在线地去构建一个社会也十分重要，那么一个新的角色就会被加诸无所依附之物身上。作为对策，无所依附之物增强了其历时性联系及绝对的依附性。尽管如此，日光下纠缠不清的讨厌鬼依旧会挑战并粗暴地对待它独特的风格，不依不饶地将它击退，直至其与通用的普遍之物为伍。

对于他——白痴来说，似乎其他所有人说话时都在精确地保持一唱一和。他们定弦时向下调整到了最易配合的程度。几乎是毫无知觉地由占主持地位的名流预先定下了调子。这种互相唱和的发言形成了一种牢固的、坚硬如鹅卵石的僵化形式。借此，每一个个体得以遮蔽其自身（更有棱角）的意识。比起此前所有闻名于市民时代的协定，都来得更加坚定。

他们在以不可被战胜的姿态言说着。而他们所必须战胜的，无法穿透时间和蔽体之物。

不爱交际者或者说不参与者、社交意义上的外行①，并不能与犬儒者甚至是低能儿②等同。他首先保有其公民身份，但有一个要求，即要以一种绷紧到最外延的感受性去实现他的参与。

个体③，孤僻的人④，与世隔绝的人，说着让人费解的东西。目标明确的人群达成了共识，于他们的旋涡之中，他如同一朵被撕碎的玫瑰，旋转舞动。抱团的人，达成了某种奇特的意见一致。目标明确的人，却都

---

① 原文 idiotes 为希腊语，意指更为普通、单纯的人；外行、技术不熟练者。词源 idios 意味自身的、独特的，也是白痴（德语 Idiot）的词源。

② 原文 debil 源于拉丁语 debilis，指衰弱的，现多用作医疗术语，指低能的、半痴呆的。

③ 原文为希腊语 Ἰδιώτης。

④ 原文为法语 l'homme isolé。

弄错了他们的目标。

个人。不善抱团者。Idios：在一旁，身在一侧，与单个人相关，属于单个人。Idioteía：个人生活。愚蠢。

就像人们一开始称呼那位孤独症患者一样，白痴学者（idiot savant）是作为概念来减轻负担，并且也许可以用在那些冒险家身上，他们与周遭的联系和那些惯于互相抱团的人不一样。这一抱团状态在隔离过程中恢复到了原来的强度。而被隔离者正是 idiotes 一词在古代的意思。

个人的东西不断蚕食掠夺一切生活之物，最终蔓延到心与理智的地带。个人的东西到极端时会瓦解整个人（而不仅是他为他人所戴的面具），它会将个人吃得一干二净。荒野化开始了。那个野蛮的老男人（Le vieux sauvage）再次被遗弃。他在荒野中寻找他的起点。如同在林间开辟道路一般。

由白痴开辟出的空地令人惊慌，就好像每一次都不能被理解的神的显灵。

实际上，那人一开口说话，他就只想要亲吻他的衣服边缘。他想对他的现身表示尊敬。同时，他的嘴里冒出了一些不能被理解的内容，而那人则退缩了。

傻瓜之光

除了语言本身，还有什么是人不能理解的？

如果不是不能理解的内容，还有什么，能成为语言的救生之舟？

装着那个被遗弃的孩子的篮子顺流而下；从那个篮子中，诞生了被语言击败的口吃者、元首和发表宣言的人。

在一个圣灵降临节，成群结队的小疯子在庆祝幻觉，大量搞艺术的古怪之人兴奋难耐。与此同时，那些与这真正相关的人，正在忍受痴呆与惊慌失措。

那些疯子是些狂热者，他们总想在兴奋的幻想中展示自己。同自己孤身一人相处的，只有那个低能儿。

对他来说，他的语言最终变成了灌木丛，它由弯曲的倚靠和关联构成，一门相互联结、自我堆积、怀抱着的语言。这门语言的内部联系与枝条明显日渐密集，它向外生长将他遮蔽，这样再也没有任何人能够理解他。这已完全不是一门用于沟通的语言了。因此也只有他自己——这只蓝色的兔子，能够在其中感受到温暖，这是属于自己笼舍的温暖。不能传达。（在托马斯·阿奎那的表达方式中，人的不能传达是自成一体的一个单位。只有在与外界隔离的格子中，上帝才会留下信息。）

一切——这是泰勒斯与低能儿在醉意中吐出的词。智者与白痴都爱这两个小词中极权的强调：一切，无物（alles，nichts）。

……他的一切都被瓦解成了样本与模型。也许这只和那整整一打先进的思想操作系统有关系，它们能产出人类的头脑。无物从中流失，一切持续地变换着颜色、情绪、角动量。但是，日光之下陌生之物不得准入，不由自主地导向一个能识别已然熟悉之物的模式，这难道不属于人类理智的安排？日光之下从未存在过意识的历史，是意识制服了虚弱的觉醒者。是的，即将来临的、精神对于自身的冷漠，就是由它所推动的。在充满希望的"尚未"（Noch-Nicht）倒下之时，小词"不再"（Nicht-mehr）就失去了它的意义。与此相似，当人们认为会看到些新鲜东西的时候，突然映入眼帘的将会是些旧的事物。人们再也不能消灭任何进入视线的景观，人们只能够将其如同植物一般采集研究，并感觉到其独一无二的特性！

他觉得值得注意的是，对他来说，文字的作用不再是记录和固定某物，而是一个运动等价物，等价于液态物和那些他所接收到或是分担过的波涛起伏。这早已不是一种"为了做……"（um……zu）的文字，使用它不再是为了达成某个目的。它早就只是那样的文字，它接收且再现一种永久的有所准备。也许它也还曾是精神荧光笔一般的东西，一种余光增强器。因为那些赐予它的零星的确定之物，都被安置在了夜晚与黑暗之中。

相比叙述及回忆，有所准备的形式和它们有根本上的差别。不论是在整体还是细节上，它都必须犹豫不决，并且实践一种持续（非被迫遭受）的遗忘。每一种启示性的行为，即使是最微不足道的，都会垂下毁灭性的面纱，将其置于领先的经验现状之上。在这里，在有所准备的状态之中，无物进行聚集和堆叠，历史从未产生。

当然，不存在什么单纯裸露的当下，即使是最纯粹的，或在我看来神秘的瞬间，都爆发自某一种更深处的过去，一种历史的经验世界。但它恰好是作为被击溃的一团烂摊子，而非一个时间锁链中的一部分。而他现在烧光殆尽，正是他带来光亮的时刻。

2

绝大多数的更新换代都会影响舒适感，并且在人群中引发冷漠的情绪。

陶醉于这些革新的人，是一个蠢货。明白可以利用这些革新的人，是一个普通人，像在所有时代一样，从这个普通人身上也可能产生出一些特别的东西。一个人的活动空间必须有八分之五是时序错乱/不合时宜的，另外八分之三则是由不可忽视之物构成。文学创作甚至应当有八分之七是不合时宜的，或者完全是针对革新的矫正手段。这种革新根据一种指明了方向的过去，来持续夺走我们的一些东西。不合时宜者只可能存在于回忆被奋力向前推进之时。一个忧愤的不合时宜者就是一顶尖顶帽子。不合时宜者向来是更好的那些德国人。浪漫主义者靠中世纪维生，如那分裂的荷尔德林与拥有德意志希腊精神的尼采。但荷尔德林、凯勒、海德格尔、荣格，他们也是不合时宜者，他们被错序的时间抓住，从而得以勾勒出超越时间的伟大草图。不合时宜者既没有在蹩脚地模仿，也没有卑躬屈膝地躲进他们的时代——他们一直是充满激情的反对者。相比于进入一场前所未闻的进攻，人们只能走进孤独之中。

以前，更多存在的是过去的事物。而今天，则有太多将来的东西。

"如果我们是人类，那么我们的祖先就同天使一样；如果祖先是人类，那么我们就同蠢驴一般。"巴比伦的犹太法典《塔木德》如是说。这是何等的出于祖先崇拜的自谦！这并不是今时今日的人能够想到的。

当不合时宜者在对不合时宜者发表言论时，他已不再是以不合时宜者的身份。不要带着你的意图发言！在你的偶然状况下再开口说话！

"过时的物品"是对旧物最为糟糕的嘲讽。旧物不再适合作为轻率的仿品。不论是作为独立召开的全体大会，还是作为一切新事物的生产车间，它都在努力工作着。

"天堂，天堂！"那些泥瓦匠正在脚手架上，朝着白痴漫游时的背影叫喊着。他每次都会陷入一种激昂的情绪之中，在那个地方一动不动地待上半天，就好像在柱上修行的圣西蒙①一样。

那苦行僧过着一种杀死了欲望的生活，萃取死亡来制造永葆青春的魔药。与此相似，白痴停留在一个被抛弃了的时代里。对他来说，去寻找一个已经丢失的时代是不可能的。

白痴，这个无记忆者本身——他难道不是正在漂向那无边的回忆洪流吗？

他向那儿漂流，犹如一叶扁舟，在地平线的另一端驶向永恒的黑暗。就在马上要抵达彼岸之前——明事理者那耀眼的探照灯再次捕捉到了他。

要领会事物，总需要一些昨日的东西。我们理解最新的事物时，正是借助了先前被创造出来的范式，它们早已被人反复使用过。

过去世界的用具现在只存在于日常语言的比喻之中，在我们的应用中它们销声匿迹已久：人们必须推动经济向前发展。在当今的数码世界里，哪里还能找到简单的手柄

---

① Symeon，叙利亚修道士。为了专心修道，曾经在沙漠修建高柱，居住在柱子顶端，坐柱修行长达三十年。也译作西米恩、圣西缅。

装置？它曾存在过：在汽车上，在电影摄影机上……

在语言的比喻中，当代几乎难以跻身其中。人们固执地使用着自祖先时代起就被应用的各种隐喻。尽管在我们的时代，知识和技术为生活的语言创造了大量的习语和概念，但是它们似乎没有加密信息的能力。每个人在他的熔炉中都应注意到：他对事物的日常理解，在多大程度上是建立于早期工业时代的隐喻之上的。

因为在我们之中存在一个过去，一个我们永远无法放弃的强有力的过去。它与现在之间的摩擦，总是能不断赐予我们包含祝福的闪电。

这个对立更加针对机敏的人，而非愚蠢者。

无动于衷者则是完全被排斥的，他们是最糟的。他们有许多种类与变种。当我们的嘴唇已经覆上冰晶时，他们甚至不会感觉到冷。在不利用强有力过去的情况下，无动于衷者也可以进行信息交流。他们完全只是作为一种沟通的材料颗粒而存在。

没有对世界的认知，就会缺乏对家庭的理解。同样，没有地球，也就无所谓家乡的好处。对他们来说，寰宇之物比家庭之物更为亲近。在远离家乡之地，就产生了一种对亲密关系的思乡之情。富足时可以提供的东西，可以追溯到需求的源头。这种全面的假象，激发了一种欲望，它如狼似虎般地追求着可食用的精神。在革命时代结束之后，最为革命性的事件就是循环泵的发明。它并非将已使用过的物品彻底清出历史，而是将其再加工，于清洁之后再利用。若说地球只是个小村落，那就让教堂也进去！

弥尔顿失明时，他的女儿们为他朗读希腊语和拉丁语的古典作品，但她们却完全不理解自己所读的内容。信息－白痴也如此。他蹩脚地运用那些他永远不可能解释清楚的概念、知识界的新鲜事物，借此来传播受到达·芬奇手法影响的肿瘤学家在认识上突然变化的消息。甚至真正的内行，也可能会错将他的报道认作一篇有用的文章。

对自我的认知变得愚钝，这对于正处在老化过程中的社会与个人来说，难道不都是极其危险的事情吗？

那漫长而又呆滞的凝视，从傍晚的边缘直至深夜，它正是一种媒介。较之数据流，它更为深刻地与全世界失眠者的社会建立了联系。就在这涣散、阴郁、虚弱的打开之中，人们通过分配获得个性，一个世界性的共同体可谓名副其实地存在着。我们耗尽一切、无条件地联合了起来。为了这个联合，我们放弃了一切条件。

3

准确之物即谬误。准确之物会切断日晕。它不允许晕圈和光环存在。而我们的生活中，充斥的是不确定与含糊之物。

雾令泥土变得湿润。正是从这泥土之中，上帝创造了人类。而人类就是他精神的混合物。

前语言过程带领，甚至有时是背负我们，从而实现了言语的表达。但若想用准确的表达来描述这一过程，也许永远无法成功。因为我们永远只是停留在语言的前庭，含糊不清且难以稳定。词汇总是背离一开始的意图，向联想的路线流窜。这种高产的不准确性、应允者的晕圈模式以及（说话时）附和者的云雾成为前提，促成了如此的进步，即把话一次又一次地说得面目全非。因此，稠密的语言只能是一种离题万里。

即使我思考出一些切题之物，切题本身也并非什么值得做的目标。

我是言辞殿堂中的舞者。

在语言最内部的殿堂之中闭口无言，只有舞蹈。

在语言的星际空间之中，言辞常常如同彗星，它们无法命中想要描述之物，只能擦肩而过——远离言语宫廷、从不相连的单词，它们在混沌的前语言所提供的隐蔽一角中仍然活动着，且在暗中策划着什么——突然地出现！两个从未结合之物，首次结实地抱成一团，出现于明亮如白昼的意义之中。

用其他的言辞（同样的说法还出现在行话中）：没有写作者知道，他正在哪一个语境之内写作。或者，哪些言辞已经占据了潜在的可能性，并想要通过他来彼此串联。它们想要被表达出来，或是成为一种文体手法，这是一种无论如何都要实现的愿望。

匆匆地去触碰更深处之物，带着试图逃避的念头或是有时像个瞎子一般，只能用手去碰触熟悉的位置，来找寻接下来的道路。只是轻轻地擦碰而过，或是略微顺带提及。仅仅如此。仅仅刚好如此。与理念打交道时就好比女性清醒时，用目光匆匆拂过你。

傻瓜之光

不断爆发的意外事件已令白痴体内的公爵①躁动不安，但大量如此令人压抑的戏剧冲突并不能引发以下状况，即似乎人们可以从无节制的外界魔法之中抽身而出，重新置身于那位公爵有节制的、纯粹的心绪之中，并且得以用自己的感官去感受，这一切是如何的过量，那快速变换的场景又是如何过度地刺激着他，直至他最终以响亮的大笑从中解脱。

看到美丽的女人或是大海，总是闲聊的谈资，也像吸引其他人那样吸引着白痴。没有人能比陀思妥耶夫斯基在《白痴》一书中，对聊天的网络/神经系统——以及平底锅一般的震惊：啊！您和我想得一样?!（阿格拉娅②对公爵说）——理解得更为透彻了。那偶然的对话，令人捉摸不透的反应，以及并不太匹配的答案。公爵完全搞乱了关乎陈述与回复的逻辑定位雷达系统。在每一个断言的核心部分，他都听到不同的声音。

没有社会，梅什金将什么都不是。他创造了社会。他靠近社会，但并不融洽。他与基督的相似性，令他对

---

① 此处指陀思妥耶夫斯基作品《白痴》中的主角，梅什金公爵。
② Aglaija，《白痴》一书中的女性角色。

社会来说，不仅具有了神秘的吸引力，还带来了源于地下的推动力。白痴身上有崇高之物的精神碎片。从他所收集整理的所有事物中，一句话如旗帜般无声地升了起来："只有震惊与笨拙。"因为这就是降临在他身上的事情：从接受到实践。他接受了大量到过度的事物——在还原它们时，尽管他已用心，但还是陷入了语无伦次。

也就是说，这并不能说明白痴对社会有一种反对和侮辱的倾向，恰恰相反，这体现了他为社会注入了一种超越感官的理解方向。

上帝隐藏的东西（Quod deus latuit）。白痴守护着上帝所隐藏的东西，他保护它不为那些集中民主制下的救世公式所干涉："透明""公开""启蒙"。

他的不合时宜，不是和那个古罗马的弗拉门祭司如出一辙吗？弗拉门祭司是某位已被众人遗忘的神灵的唯一祭司。弗拉门祭司①与他的妻子。如果她去世了，他就会失去他的祭司职位。

也许他就是这样一个在芙瑞娜②祭司时代之前的弗

---

① 此处指的可能是弗拉门祭司狄阿利斯 Dialis。
② 古罗马神话中的女神。

拉门祭司。女神芙瑞娜在瓦罗①时代就已几乎被世人遗忘了，只有关于她的节日——芙瑞娜节——还能让人再回忆起她。就如同在当今这个时代，只有公开的作品朗诵会才能让人想起书的存在。白痴为一位人们早已不记得的女神服务。一个被遗忘的神，关于她，人们了解的除了（在贾尼科洛山②上的）神庙，再无其他。但谨慎起见，人们仍然供奉她。这样更好——人们不再能确切地知道，她擅长的是何物。与此相似的是今日的弗拉门祭司的职责。他侍奉一个迷醉于语言的神灵，这个神灵擅长吐字不清、狂热的诗情以及胡思乱想的艺术——那些早已变得毫无意义的才能与天赋。但人们不知道，这位神还擅长些什么。无论如何，总会再有一个忠诚和执着的弗拉门祭司带着他的妻子出现。他们不时地将人类最伟大的诗文结集为价值不菲的出版物，通过焚烧将其作为祭祀物献给人间那几乎已经销声匿迹的神灵。

在那片小树林里，那座建筑，他的神庙，那铁铸的大门——白痴就住在那里。只有无理解能力者不会伤害

---

① 马库斯·特伦提乌斯·瓦罗（Marcus Terentius Varro，前 116 ~ 前 27 年），古罗马学者和作家。
② Janiculum，位于意大利罗马西部的山丘。

神庙。

同时代经过学徒培训的人和许多其他人一样，他的旧手艺有天会因量产的时代感而变得过时，他也将因此离开他的职业合作社。现在，在人们告诉他那些炫目的新玩意儿时，他不禁生出胆怯之情。这么多新东西！对他来说，让人们注意到他，成为一件比先前更具紧迫性的事情，因为在从前的时代里，他可是个能敏捷地紧随大流的人。他不会告诉自己：我对此再没有什么兴趣了。他会说：这挺棒。这真是让人赞叹！不过，我还是想再试试别的东西。某些事情让他紧紧握着昨日不能放：他的音调，他的想法，他的愿望，还有他的伤口。一种希罗尼穆斯①式套子从他对自己失败的认识之中破土而出，并最终将他完全纳入其中。到家了！终于！工作开始了。从现在起，可以重新规划安排一切。然后就到了最后一步：音调，那尚未校准的音调。那不断萦绕在耳边的音调，校准时总是在极细微之处出现问题。

---

① Hieronymus，也译作耶罗尼米斯、希洛宁姆斯。其英文名为Jerome，中文对应译名哲罗姆，曾在公元 4 世纪将《福音书》翻译为拉丁文。这个名字起源于古希腊，意为"有圣名的男人"。

4

个人。**糟糕的词语**。白痴更好。白痴。他挣脱了那些来自社会的义务。对他来说，社会是由一种理性所推动的，一种曾抛弃了他的理性。公共事务在其彼此的共同作用下实现了一种互相缠绕的小聪明。对于作为个体的、与群体分隔开的人来说，这种聪明他们绝对无法拥有，至多只能设身处地地去理解它。这意味着：公共事务已经创造出的结构，是无论如何都比我们更聪明的。对此，白痴奉上了他的敬意，但同时，他也与这些事务的运转理念划清了界限。这一克制的态度为他带来了一定程度上的独立性，然而这也带来了一些风险，即不断加强和极端化的独立性可能会导致所有沟通的破裂。借此，他将最终不得不陷入一个抉择：作为一个白痴，不是做好的就是坏的，不是开放的就是封闭的。只有两种可能，要么成为一个在背叛的实验室里观察最细微的活动的白痴。因为他认为，比起在室外的田野调查，隔绝的条件更有利于仔细调查沟通之法则。要么做另一种白痴，俗气的理念与想法很少能中断他理解事物的灵光。

最后，白痴与他的极限状态——完全白痴，也始终保持着联系。无论是他传播的，抑或他与别人分享的信息，他都不能占有丝毫。

开放的白痴与梅什金公爵完全不同，他算不上一个无辜的人。无辜的梅什金公爵总是与社会和沙龙保持着亲密的联系，如果没有他，它们将不复存在。因为他总是积极地出现在沙龙之中，被认为是一种"衡量标准"与区分事物的标杆建筑。所以，他也潜移默化地影响并分解着这个沙龙。与此相反，白痴的存在完全与沙龙无关，更不具任何影响力。

他环顾四周，沙龙参与者之间都已签下亲密的契约。但对此他甚至不曾考虑过分毫。因为在他看来，这些人都是不可如此贴近的。但是，白痴难以靠近的这个世界为那些缔约者提供了多少避难所！……在很久以前，人们已经认识到那种对某个社会阶级心照不宣的从属感。现在，这种从属感不再是沉默的，它变得更为自由、自信，且遍布全球。我属于（ich gehöre dazu）那种稳定的不及物动词，属于那种务必慵懒的无所事事的动词。不属于被选中者的范围，不属于一个外来者、变节者、被遗忘者与被驱逐者的圈子，不属于权力的内部集团。因为在当今，权力正是产生于那些籍籍无名的社团。这些社团运作时就如同组装而成的神经网络，由于此前突触作用的影响，它们从未能按计划形成联合与所属关系。几乎在一切有东西堆积，或者可能会出现东西的地方，就会有所属关系存在。一种庞大的扩散，从它之中却突然诞生了集结与凝聚的过程，它也令巨人的头颅昂扬。

啊，那个已被人议论过的人如是说。源自古典语言的小木屋是白痴的避难所。"那个不合时宜者就应该保持沉默吗？"（贝恩①）

热烈的（furios）、宏伟的（grandios）、辉煌的（glorios）。骨头（os），那根骨头。就此结束。那狂怒的过往生活。这是那事物的过往。它伸展身手，将堆积

---

① 此处应为德国作家戈特弗里德·贝恩（Gottfried Benn，1886~1956），其作品有强烈的表现主义色彩。

的人与物掀翻在地，因为它要在熙熙攘攘之中制造混乱，也因为它想在密集的群体之中挥霍地生活。

那个掉队者，他带着尝试去克服的力量，要一同去向何方？他亲吻那熙熙攘攘的、成群结队的一大帮人。他们充满男子气概地向前行进着，奋力争取着强行的突破。但是，那狂热者遇到了防疫封锁线，那是因理性尚未准备好进行沟通而出现的。他不禁被这封锁线吓得后退。群体魔力的一个新变种诱使他离开了原先的轨道。他想要奉献他那早已消耗了大半的才能，徒劳无功。

啊，让他们走吧，让他们赌吧，让他们聊吧。在运行的，总会停息；在赌博的，总会赌输；在闲聊的……日光之下，最有力之物也只是昙花一现。

就这样，煽动者无力地反复嘟囔着。他被人弃于身后，被诅咒着躲在避难所中。没有人能对他发号施令。不久，他的屁股就会跟不上脚步，他将只能瘸着腿走路。在穿过有数百个拱门的森林之后，只有一个人在一瘸一拐地走着。细长的桦树树龄不长，它们摇摆着，试图让他相信它们勾勒出的一幅虚假画面，那是关于一个年轻人的集会——其中大部分人承担着过重的负荷穿过街道，朝着真理艰难地迈步行进。

傻瓜之光

　　网难道不正是源于大脑吗？它总是模仿着妇女织布的流程。难道不是三个白发苍苍的老妪，那些年迈的女织工，在地下永世工作，为我们所有的文章编织出其原型？

　　但不一样的是：没有会织布的大脑！一切迷惑都始于那些运用了比喻的谎言！同样地，互相联结的、抗撕裂的材料，毛线织物还有布块，都是大脑无法创造的——因为这违反了织物的编结法则。具象之物和抽象之物一样，都失败于那些画面难解的神经化学事件。抽象的示意图曾一度有意义，那时人们还会从事一种肉眼可见的、一目了然的手工活儿，如纺织。我们专断地称呼拼贴画工作是女性的，它带来无穷尽的工作，却从未完工；那些能消融事实的梦境彼此交错，毫无预警、丰富盛大，它们也被称作女性的；甚至一切体验的原则也是所谓女性的：我失去了对称呼与现象之间联系意义的理解。

　　编织，编织。切割，切割。面纱之上的面纱，一件有着"数千个网眼"的罩衫（艾尔瑟·拉斯克－许勒①）。一旦我们"上了网"，我们就会如此积极且积极

----

　　①　Else Lasker－Schüler（1869～1945），德国杰出女诗人，德国表现主义文学的代表人物。

地参与到创世神话的比喻之中。那个神话人物的阴影始终笼罩着我们，她是女能人、同时也是自缚于网中者，她就是被诅咒永世作为蜘蛛存在的奥拉克妮①。

也许还能有那么一两个爱欲之夜保持着神秘，否则一切大门就都是敞开的了。除了不是每个人都有机会进入的黑手党圈子，还剩下什么？透明！从谨慎的艺术中究竟演变出了什么？它可是曾经存在于个体之间，保护他们免于那最严重的厚颜无耻——自我裸露。在今天，谨慎可能与所有正运行着的、被表达的、生长着的事物相悖。人们很快就忘记了，迄今为止，人与人"沟通"的唯一恰当形式正是建立在谨慎的前提之上的。

经典的比例曾实现了文化的运输，它建立在一种物质的分离基础之上，即区分多数与少数，或者说向外开放者与向内闭锁者。博尔夏特②在对洪堡的教育改革提出批评时也强调，改革的关键恰恰不在于要尽可能地让多数人都学习希腊语，而在于能让少数人学习这门语言。

---

① 奥拉克妮（Arachne）是希腊神话人物，曾与女神雅典娜比赛织绢，在无法赢得比赛时恼羞成怒损毁对方的织品，因此触怒雅典娜，被诅咒后变成蜘蛛。

② 此处指的应为 Rudolf Borchardt（1877～1945），德国作家、诗人、翻译家。

那些多数只会稀释这笔财富，那些少数则会传承它。在这多数与少数之间并不存在任何交流，但其很有可能以一定比例的互相依存。竞争着的群体施加于这个体系的压力，导致了有天赋者不得不更加努力。尽管这个群体对有天赋者不负有任何责任和陪伴的义务，但是他们依旧为这些专心致志者制造了一个堪称典范的旋涡。

潘维兹①在他的作品《人的成就》中提道，荣格只承认过典范的教育学。在一次与特奥尔多·多依布勒②的对话中他指出，关键不在于青年时期，在于人（vir）。

这个美学上的错误就是"大多数 - 要素"：为了有利于宽广度，贬低高度的价值；试图让底层进入最高级的势力范围；宣传宽广之物是最顶端的。在此期间，艺术也谄媚地与偶然性及广泛的大众达成了一致。

在过去，几乎不存在不会把横向扩散当作纵向提高的人。他肯定早已对自己的成功感到厌烦了，仅仅是出于纯粹的势利性格，他才仍旧怀有这样的想法：在将来，水准的问题（Frage des Niveaus）将再度与准入限

---

① 此处指的应为 Rudolf Pannwitz（1881～1969），德国作家、哲学家。下文作品的德语名称为 *Das Werk des Menschen*。
② Theodor Däubler（1876～1934），德奥作家、诗人、艺术批评家。

制挂钩。

对 6 亿网络作者来说，他们并不需要什么书籍——因为他们只需要把写作剩下的边角余料填充到一本"非书"之中。有智识的偶像崇拜被群众运动所吸引，它在普通大众面前隐瞒自己那乏味的伎俩：它总是根据偶然性，呼吁和要求一种对底层的适应。

我们，作为不同的人，必须要修建难以进入的新花园！回归先驱者之中！

与那种无所不包的系统相对应的，是一种天然的渴望，渴望进入一个经过拣选的圈子。人们在小酒馆里幻想着格奥尔格①圈子的各种仪式。但肯定没有指明星，也没有对历史的先知预言。这种类型的大师与元首不会再度风行，其难度就好比要让父权的一家之长或是骑士将军再次活跃于现实之中。元首只可能以怪诞的形象存在——在一个不合理的国家，或是在一个有偏执病症状的宗教教派中。在此期间，一个精神的菌丝，一个地下的联合，一个排他的原则将可能有利于抵御贫乏状态的

---

① 此处指 Stefan George（1868～1933），德国诗人、翻译家、早期以象征主义风格而闻名。德国曾存在以其命名的著名文人圈子。

狂妄攻势。

并不是对民主有敌意，而是对所有生活领域参与民主化进程，以及所谓民主的整体主义充满厌恶。

但在今天，大多数人的看法与早期排他性的（或说引领潮流的大人物的）看法相比，更具影响力，甚至更具代际传承的活力。"大多数－要素"决定了挑选的过程与结果。事实上，能被传承的也只能是大多数人达成共识的。它们就这样构建着法则与规范，一代又一代地流传下去。与此相反，那些有着不一样想法的少数人，他们重估一切价值的希望，注定只能落空，他们的队伍也只能永远维持如此规模。

然而，人们不需要对少数人大声疾呼。他们是一种会抵抗意志力量的存在。那些有某种话语的人，他们也只在彼此之间相互谈论。他们忙着从一个讲台奔向另一个讲台，目的是为了每次都能演讲相同的内容。没有坦白自身的流程，他们建立起了只有被拣选者的近亲繁殖圈子。但相比一种无意义状态，这趋势本身正处于不断衰退和减弱的过程之中。那种无意义状态坚不可摧，它为被讨好的大多数人提供了一种精神生活。

政治教育学的传道者用人人皆可明白的文字说教。

他们反对审美的复合体并且宣称：艺术存在于此处，艺术为人人。他们也喜欢强烈要求人们使用简单具体的信息，以及得到批判社会的好处。然而，一旦牵扯到社会立法改革或是可疑的财政调控，他们就会成为最糟糕的强词夺理者，用诡辩迷惑人并让人牵连其中。只有在谈到艺术的时候他们会说，在免费的初次观赏之后，艺术就应当为所有人拥有。

在政治中，人们总是有节奏地重复着相同的空话，它们不能起到任何神奇的作用。

有一天，被耗尽的隐性裸露将引发第二次羞耻心的出现。

长期的和平时代如同一本小说，大量如拦路性侵、野蛮抢劫这样的事件浮现其中。也许，它在即将结尾之前还会出现一个章节，来报道身体边界的不受侵犯性这一原则将重新为人所尊重，也描写了身处其中但仍能保全自身者的力量。在接触外界的一切乃至不可碰触的他者时，他就像一个乔托①画作中的人物，能得到光环护

---

① 此处指的应是 Giotto di Bondone （1266/1267 ~ 1337），意大利画家、建筑师。

体。

因为在现在，真正的教师都是那种再度遮掩与封锁的人，他们会说：这是裸露过程中被磨坏的衣服，它唤醒了一种欲望，想要了解被遮掩的真相的欲望。已经到了揭露真相的时候，而它被隐藏了起来。

少数诞生于生殖崇拜时代的著作有这样一个观点，即如果再次剥夺了性爱能创造文化的名声，有可能可以重新创造一种文化。但是，能达到这一目的的途径不只有这一条，对难以接近状况之恐惧和纯粹的身体脱敏反应也都可以。同时，脱敏反应将引发依靠技术通灵的隐士精神状态。

我们不停地坚持，要把我们的自由强加给居住在周围的穆斯林。但我们不曾想过，即使在他们的道德规范中有诸多对自由的限制，我们也可能找出哪怕一点点值得去学习模仿的，或是让它影响我们的东西。这一影响只应该是单方面的。与此同时，更多地强调家庭以及父亲的影响力，可能是对教育行为有好处的。它的所有缺点，都将通过国家大量的资金补助而得以全方位地解决。然而，民主的一致性认为，质疑权威是人们理所应当且能够很容易完成的义务。在人口流动的过程中，对许多事物的优先排序将会与今日所通用的不再相同。

但你们这些大方的人！你们其实比所有穿着全身罩袍的女穆斯林遮掩得更加严实！你们的罩袍是由一种坚固的材料制成的，它的原料是语言欺骗、"不可能出现"和"不可能看见"。你们看不见彼此，要说的话，却没有说出口。

你们穿的全是灰色的，灰色之中的灰色，灰色之中的灰色……这是一种大衰退状态的颜色，一种不能阻挡和控制的衰退。但它并非诞生于某种特定的原因，而仅仅是因为，衰退总是代代相传的，它就这样发生在不同的民族、国家、社会和代与代之间。

政治的复归，草帽的复归，无聊的长篇小说的复归，优雅席间礼仪的复归——这一切都只是因为，市场需要依靠这些复归、这些循环再利用来存活。因为这并不是说：看啊！在这儿重新看见政治，重新思考政治，仿佛你从未经历过一样！那部长篇小说：启程去往新的海岸！是的，新的和意料之外的事物总会撞上一件鳞片铠甲，这件铠甲就在我们身上，它由上千个"向来如此"的鳞片构成。

莎士比亚笔下的英雄们向我们讲述了其所处时代的

堕落风气。李尔王与哈姆雷特，二者无不是有着对文化，或更准确地说，对道德的深刻批判。然而，要离开这深刻的批判去堕入一切时代风气的邪恶之中，是多么容易。戏剧的艺术，也曾因这堕落而中断。

当我们听说了一些关于风俗和道德的事情时，那肯定是关乎外来的"种族"。它们拥有这些风俗道德，同时，为了顾及我们的人权感受，它们要深受其苦，也就是说，必须把它们从中解放出来。我们的文化如此面目模糊，其他人肯定不会将我们视作一个"种族"。在我们身上，话语和话语相互联结。与风俗和道德产生联结的过程类似，它们都伴随着虚伪的道德说教，且尤其容易被人与市民时代的无稽之谈联系起来。过去半个世纪以来的艺术，就曾无数次致力于曝光这无稽的伪善。毫无疑问地，即使没有这一帮助，它也会在充满变数的条件下，坠入时代的浪潮之中。这一伪善当然认为自己就是如此，在此期间，伤风败俗的姿态熬过了那些风俗的责难存活了下来。借此，伪善也建立起了与反市民运动遗产之间的联系。无论如何，在艺术领域，那依旧是传播最为广泛的思想训练。

但是，如何认真地去对待风俗，并用一种比市民阶级所提供的更为深刻的理由将其升华展现，这是艺术家迄今仍未解决的问题。

人们曾说，神话里的众神在漫游时没有留下任何痕 38迹，他们永远不会记起，他们曾经作为什么而存在。就此我们不难推导出，变形并非没有个性，它才是真正能够克服记忆与印象的形式。所有历史的神话式的基座（Widerlager）是：我处于变化之中，我不再是我。

每个人自出生起，就活在艺术影响的势力范围之内。无论我们将首先被漫画还是《圣经》绘本吸引，形式与塑造之物都无时无刻、无所不在地试图对我们施加影响。我们是否有这样一种隐秘的恐惧，在存在时可能突然为艺术所抛弃？有的人自己创作，尝试借此增强艺术对自身的影响力。但是，只有在某些例外状况下，这才有可能达到其理想的效果。通常来说，他总会再退回到那些吸引他的艺术领域，那是已经被创立好的领域，并且事实上也已没有填充空白的必要了。

撒旦因人而失败了！上帝计划抬升人的地位，这样天使将要在人的面前弯下身子。身为天使，撒旦失去了对这一计划的耐心。哪个虔诚的副手不会因上帝的这种智慧而感到绝望？三分之一的天使保守地想保持那个等级，他们联合起来反对上帝的改革。但是，这些试图维持现状者还是失败了，于是诞生了那个撒旦："埃及江河源头的苍蝇"[1]。

为了找到合适的隐喻来解释令人费解的历史（如希特勒现象），对性的痴迷正是人们应当避开的题材。然而，对我们这些被启蒙者来说，性似乎是唯一的，也是最后一种途径，让我们还能循着魔鬼的踪迹。无法衡量的罪过将因此招来平庸乏味的名声。非人性之物并不是太人性之物的变态模式。

众所周知，精神会死于过多的沟通，而非过少的。瓦雷里[2]在他的时代，是最具反思精神的人，这并非因为持续且活跃的"思想交流"，而恰恰是由于他的思想始终保持着冰冷的隔绝状态。但他未曾成功地将韵文与反思相结合，这无论在哪里其实都不会成功。诗歌会克服一切机敏的智识，从诗歌中还会有思想诞生。但是就此萌芽的思想无法像一个普通念头一样，可以被人理解。

---

① 此处语出《以赛亚书》第 7 章第 18 节。
② 此处应指 Paul Valéry（1871～1945），法国作家、诗人，法兰西学院院士。

因为只有贫乏的人喜欢联合与抱团，因为不再有人追问不合时宜之物，因为我们从根本上只认识可再生的当代，因此，最后只剩下隐喻这一个避难所。这是精神最后的保护地带，它在很大程度上仍然称得上难以进入的区域。因为现在，人们几乎已经不能再理解"有转义的"事物。

没有什么出现，没有什么吸引且诱惑着人反对明确的表达，它的表达蕴含在自身之中。

因此，这句话是有道理的：要隐藏而非照亮可以藏身之处。被直接表达的内容与直接进行自我表达的内容，完全是两码事。

个体者与他的诗意王国——建立于19世纪，没落于20世纪，在今日只剩下一个童话。不管是保持独立，抑或是在排外圈子中紧紧抱团，似乎都不适合那有力且专横的不合时宜性。数百万成群结队被数码化了的人，创造出了一个"临时特设君主"，那不合时宜性正是与他们保持着距离。对所有人来说，他们几乎是被迫地在忍受着这种不合时宜性的发作，日复一日。毫无疑问，他们的行为、思想、感受以及语言运用中有一些内容是在今日，但来自昨日。

傻瓜之光

一只蝴蝶孤身时只能顾及自身。没有任何蜜蜂可以抵抗蜂群的意志存活下来。只有对人类来说，这句话是有道理的：当群体的意志被作为一种执法机构确立了起来，那么造反者的时代就来临了。

主体的堕落、他的后历史时代、肉体与灵魂合一者的消失，它们之于后来的、下一个现代性的意义，就如同圣人传说之于文艺复兴绘画。人们必须不断处理新的色彩与光线，借此，人们早已熟悉的那个老话题，在不用"真相"修饰自我的情况下，也能不断被赋予新意义，获得亮相的机会。这已经是一个浓密的好修辞，但是它仍想得到进一步的装饰打扮。

哦！不受素材与信息的影响，只在声音与色彩之中再一次书写和浏览！色调之间最新的微妙变化形成一种印象主义，曾浮现于人们眼前。

反动者让一些过去未曾发生的事物第一次出现。作为真正的叙事诗人，他美化现存事物，为了让它能在任何时代下都有意义。"过去从未发生，未来会继续流传。"这是对神话的定义（来自 W. F. 奥托①，改编自

① Walter F. Otto（1874~1958），德国古典学家与文学家。

塞勒斯特①的名言），反动者也如是说，因为它令他成为了历史神话学家。作为这样的人，他遵循着一种秩序幻觉。比起政治上的算计，这种幻觉的产生更应该归因于一种天方夜谭般的灵感。

人们可能认为，在此期间，那些普通的从业者会了解，从文学角度来看，何种内容可以划为这一类型。也就是说，一种特定的对于思想的圈养，首先它意识到了高于它自身的内容，其次它不但不想颠覆这一等级，而且带着合作的希望臣服于那内容。

但人们也必须经历一次，把聚餐讨论政治时的啤酒泡沫与抽象概念联系起来。令人遗憾的是，公共意识的磨子转动得并不慢，它只是一直在重复碾磨着早已磨好的面粉。

反动者也是一个空想者和发明家（与此相反，保守主义者更像是一个所谓的合格的小摊贩）。正是因为没有事物与他所看到的相同，更没有什么事物是按照他的意愿来发展的，他开始加强自身观念的虚构力量，并且散布那可持续性最强的、源自精神与情绪的财富。或

① Sallust（公元前86~公元前34），古罗马历史学家、政治家。

者说，那能够长期持续的。或者说，那在持续过程中不断自我更新的。（为了给那已被抽空了的词语再添上点儿可替换的含义。）

毫无疑问地，他与他所唾弃的状况共生。也只有在他的语言之中，他可以让自己高于这种状况。他肯定很聪明，因为他踏上了那个位置，却不需要同时动用其他关系。

那种时常被称为"右倾"的道德表态，不隶属于任何组织。只有怀有好奇心的人可以站在右侧。事实上，他没有秉持某种立场，而是有着一种特质，一种因集体主义的自我欺骗、老练的思维运转模式和智识的阿谀奉承而受到惊恐的特质。因此更确切地说，他其实是一个警报装置，为精神那打着瞌睡的双脚提供预警。他是一个凶兆，预示着"每个被征服的王座，都会收缩成攀登下一个王座的搁脚凳"。（让·保罗①）

因此，站在一旁的人必须要在旁白之中自己练习，他的讲话将会变得越来越生硬和自相矛盾。

白与黑对立。我们费力地把那黑色的编织成一根坚

---

① Jean Paul（1763～1825），德国作家。

固的绳索，但出乎意料地，它在我们的身后被一头母驴给解开了。那头母驴甚至没有啃食那绳索，只是费力地把它打开了——绳子那边缘松散的纱线上哪儿去了？它就在那儿，随风飘散，去往跟随者的方向。最结实的绳索是不会散开的，它也没有什么用。每一根线松散的末端都可能成为导火索。一根线会从另一根线中产生，这种发展可能会接踵而至。

更极致的状况是，那个制绳老人，即奥克诺斯[1]的编织是徒劳和毫无目的的，而那头母驴解开绳索，也不为任何目的。他没有在工作，它也没有做什么。他们合作无间，共同消磨时光。那反复被解开的编结过程，就和再度解开编织物一样没有什么意义。那个老人无事可做，于是做了些什么。他不想制造任何东西，他只想不停地忙碌着。更大的徒劳和荒唐举动就是一条坚固且不可能被撕烂的绳索，同时它没有尽头——也就是说，没有什么用。

丛（Plexie），互相联结状态，它们让激进之物的出现成为不可能。根部被一种全面覆盖它的菌丝所操

---

[1] Oknos（ocnus），希腊和罗马神话中的人物，是曼托之子。

控。那开端是由一种早于开端就存在的菌幕所组成，单个菌丝则是产生于大量互相密集交织的菌丝之中。

根部是一丛协调一致的枝杈。与自我的外形相像，而非外形的萌芽。开端与末端、早与晚之间的相似性及镜像投射。

时间丛：交织缠绕的时间，能够容纳更多的震荡。

1871 年，尼采与布克哈特①收到假消息，说巴黎公社将卢浮宫投入火海，人们已失去了所有艺术。在此时，文化崩溃的旋涡之中盘旋着精神崩溃的每分、每时、每日。

尼采也许再也没有体会过比这更深的疼痛。一切书写与艺术创作都成为过眼云烟，这样的事情就如此降临到人类文明身上。这是罪恶，远超过那些作恶者（公社社员）所犯下的。一个假消息对精神的摧毁力量。几乎不可想象，这条假消息及其修正会被记录下来。

文字——它也许仅意味着自身——总是想要成为有粘合力的表面。那是吸附精神苍蝇的胶带。我用上了这些过时的诱饵，几乎就像一个粗腰上围着广告海报、站

---

① 此处应指 Jakob Burckhardt（1818～1897），瑞士文化历史学家。

在十字路口的人，这让我看起来多么可笑。因为人群中不会有一只苍蝇落入网中！

后记，一个时代。

"如果理智得到了集中的训练，那么即使在精神分散时，它依然能保持力量。"［荷尔德林，品达残篇（Pindar - Fragmente）］

啊，这是那高贵的复述者的时刻！因为我们已经记不得许多抱怨了。他们只知道曾经拥有的东西。去掌控那个"再一次"。知晓此物与彼物。将其从知识的冷藏室里取出来。像曾拥有过一样。在图书馆里，一打热情好学的人将那年轻且熟练的复述者团团围住。然而，没有人围绕着那个反复拿出自己装备的老人。他从来不想了解人们曾经有过的东西，但是关于其他东西，他了解得也不够详细。他把最近从图书馆借来的关于麦哲伦的书……带了回来，抖了抖松垮的公文包。他也曾在那群猎犬问题的热情圈子中短暂驻足。只是那么一次。

那些他在青年时代阅读过的多部小说已经变成了什么，当人们考虑到那数百万讲述着这些小说、在睡梦中漫步踏过他的人！那数百万张面孔，他们迄今不曾、将来也同样不会看他一眼。因为他们会永远以步兵队的步伐，踏步穿过他的梦境。夜复一夜，他看着这些面孔所带来的移民气流，这股强烈的气流并不想摧毁什么。而那些面孔之中，没有一个是他在现实生活中见过或对他来说面熟的。如果在夜里，除了那没完没了的行进队伍再没有其他东西入梦，那么直到生命的尽头，他会见到这个地球上所有的面孔。

5

现代性被人从理念世界带入精神世界，然后又被带入自然环境。在那儿遍布着摧毁、污染和浪费。这个王国存在，但面临着崩溃的威胁。其中栖身着被任命的发号施令者，那个充满生态激情的"我们"。被卷入无尽的相互依赖与相互作用所织成的网之中，这一存在必须拥有一种雄鹰般自我批判的特性，它是猛禽与怀疑论者的结合体，拥有那同样犀利的目光。

并不是那些让不知疲倦的工作者失明的灰色忧虑，也不是那被委任为存在之守卫者的不安，这仅仅是一种对未来的担忧，忙碌且事关业务的担忧，人们用它来对当下进行批评。在通过历史来考虑我们进退维谷的困境时，我们过度地想要倾听一些未来的事情！充满犹疑的估计，腐坏的意识形态分析以及人本主义的片面真理，它们是否从未认为我们对时代的感受是最为苦恼和琐碎的。

在我的时代里最大的天真是什么？要是我能知道就好了！

但是，当我们现在正在做的这些事情在某天变成往事时，这些事情难道不会也变得比那时人们所做的更为伟大吗？

这个自由主义的时代已经忘却了历史上曾经做出的错误判断。

布鲁门伯格①在他对拉克坦提乌斯②的研究中曾经提道，早期基督教的教父并没有认识到，降生于他时代的事物貌似是谬误。想要看透自己时代的假象，对于那个时代的普通人来说一般是难以做到的。为此，他要对随后的时代和事物有快速的判断、认识。然而，这些后来者也会为更完备的知识所影响，难以判断那些偏见的特点与核心，它们曾限制了他们先辈的认识发展。

人们不需要教任何人如何摧毁。那些艺术假装揭穿了这个世界的无意义，其实只是让它们增多。重要的

---

① 此处应指 Hans Blumenberg（1920～1996），德国哲学家。
② Laktanz（也写作 Lactanius，240～320），古罗马基督教作家、修辞学家。

是，要把艺术概念缩小到只具有核心意义内容的大小。

对于戏剧舞台和美术画廊来说，人际关系的腐败与荒芜曾一度是其颇为得意的主题，它们也用尽了这个主题。人们几乎无法看出那被坚持诊断为腐败的状况与他们的美学理解之间有什么不同，这也并非什么奇怪的事情。从政治阴谋所处的卑微之处伸出一只手，那些艺术家－诺斯替教教徒就在这只手前、在这只手之下言说着，没有人能够仰望到比那些阴谋关系更高的东西，因为现在人们甚至都忘记了如何去仰望。在地平线上，一束光终于也从远处的垃圾场上升腾了起来。不会有人怀疑，这束光就是来自那垃圾焚烧的闷火。

那个策划者谈到他最新的项目时说："我希望，这在情绪上也是吻合的。"

如果什么事物"在情绪上"是这样的，那么它与心的距离就好比从点击鼠标到吻那么远。

从刚过去的几十年开始，"项目"这个词成了一种无能的形式的辩词。哪里出现了一个项目，那么前来结果它的射弹应该也就不远了。

绘画艺术与其时代之间的相互影响可以说是具有抚慰人心之作用的。市场推动着这个艺术变得强有力。可是，什么样的绘画、什么样的图画－楔子能有力到那样的程度，在我们与这个时代之间奋力挤出一条缝隙？于那缝隙之中，当下的图画会显得远隔千山万水，而我们也会开始寻找那些其实近在眼前的事物。"万事之理，离我甚远，而且最深，谁能测透呢？"（旧约《传道书》，第7章第24节）

在真理之中，一直存在着过量的美与指导性意见。这是一种人们必须躲避的过量。这只是因为，为了自身，人们应当把充满偏爱之物的花园封锁，同时不向那种嫌恶低头屈服，那种对模范和美好之物的嫌恶。它们充斥于真理之中，不会耗尽。同时，人们也不应听任那种热衷攀比的恶习摆布。借此，那个花园能够保持其规模不致萎缩。它是被人们挑中的那一个，尽管同时存在着许多其他更为华丽和被精心照看的花园。

现在，那个年迈的西方人已经彻底赌输了。那个轻易就犯下混淆错误的人——也许也是那个赌输了的贪玩者？这个赌博－地狱将会变得和它的名字一样，成为赌输者的地狱。

地狱无法凭空地被设想出来，但是在所有对它的想象中，几乎不存在一个不算是过度的描绘。被视觉的盛宴喂得眼饱心醉，再举办些艺术和电影活动，可以说，人们已经能够把地狱安置在地球上的任何一个地方了。如此，就不会被惩罚成为被孤立和排除的人，不会再被诅咒堕入虚无与空洞。只会建立起和一种永恒的联系，在那儿不会有任何事情发生。

那些对我们来说很陌生的守法者，只有少数人还对他们抱持着好奇与尊重。这些少数派苛求自己，要在矛盾情绪最急的拐弯处仍然能够忍耐事物。而对于大部分人，一旦他人出于宗教原因，与他们所习惯的生活方式保持距离，他们就会马上怒气冲冲地转身离去。

去图像化的法庭所需要的那些人，将自己的生活置于宗教文字之下的那些人，他们如果不是有着要将世界再度文字化的职责，那么即使是在极端的情况下，他们也不会宽恕我们对图像艺术品的嫌恶。

对那些少数派，这意味着：放弃西方的生活方式，与库布里克①及马克·罗斯科②诀别。大众可以做到这

---

① 此处应指 Stanley Kubrick（1928～1999），美国电影导演，代表作品有《奇爱博士》《2001太空漫游》等。
② Mark Rothko（1903～1970），美国画家，以抽象表现主义风格闻名。

一点，少数派不可以。

人们不可能再从云上摔下来，就好像当初贝恩从斯宾格勒①－尼采的云上坠下那样：没落的魔法！但这魔法也有利于艺术家的自我迷醉，通过它，人们可以在更高处眺望西方。但是我们会继承，不断地继承。技巧不会再如现在这般被不断打磨，文字的魅力也不会再更新。在这个时代，人们做事更为冷静，他们主张的措施都是通过受命的委员会来制定目录完成。

那没落的烟花是由闪闪发亮的言语构成的。那种千禧年的感受（霍夫曼斯塔尔）迫切地渴求着一个世界末日－庆典（Endzeif－Fête）。这种事情不会重来，预言发挥着它们的麻醉作用。确实，比起一次气候变化大会，这样一个华丽的精神舞会之夜当然更受青睐。

① 此处应指 Oswald Spengler（1880～1936），德国历史哲学家、文化史学家、反民主政治作家，作品有《西方的没落》等。

6

10月月末的光。宗教改革纪念日闪耀着，照亮了火红的叶片。秋日最后的一群鹤在田野里鸣叫着。我的朋友们，那些迟到者。人们很了解他们，也在文学领域颇为器重他们。梧桐树透出的黄色光线如此纯粹——年迈的梨树也闪耀着光泽，它们共同追求着我的言语与回忆。这些树木的使用价值在于捕捉和化合被排放的二氧化碳，但它们并未把这算在我们的账上。它们所要求的是，我们能够以恰如其分的比喻去捕捉和化合它们的存在。因此，在树木之间，存在两种不同的呼吸交换。也许是因为我们刚结束温度颇高的日子，那些颜色渐渐变得干燥而华丽，不再与那些发酵过的水果相似。

未能为自己感到自豪的那棵树，在悲伤之中表示了赞同。

自然之美多年以来总是躲避着爱，带着难过与失望的情绪，爱退回了原地。啊，爱自己是多么滥用那些曾给它带来那么多收获的、加诸它身上的一切东西！它撞上了一节枯死的木头，一块粗厚的土层——在内部只有分子的蒸汽。直到很晚的时候，灵魂才能体会到，他们的孤独蔓延寰宇，他们的自恋无人分享。一直以来，它都只爱它自己。精神与心灵熟悉地互相合作，私下商定好了一切。它们创造出了美丽的东西，以及触发了这创造的种种情绪。而这只在它要做善事的时候发生过。确实，那很晚才认清自身的、具有认知能力的自恋者是无辜的——他是一个受害者，为自身盲目的爱情欲望所害，这爱欲从来只关乎它本身。他所希冀的，不是有一天，波光粼粼的溪流将会伸出双臂拥抱他，而是，他能够真正拥有上天赋予的尊重、精力与欢乐。即使他从不向他人袒露这爱欲，即使人们并不认为他如此充满精力，他也必须一直这样幻想。这单纯是因为，他的本性把这种想象强加给了他。因为，人的本性是雕塑性的，就好比蚂蚁的本性是趋化性的一样。同样地，他那种认知性的本性被一种持续的制造活动所主宰，一种创造活动，一种生产颜色、形状、意义、人物、关联的工厂活动。只有在不知疲倦地生产意义和图像时，他才与自然的全部运转活动融为一体。在盲目工作时，他甚至与那些动物以及正在新陈代谢的植物成为近亲。它们无情地拒绝委身于那些美的概念，因为这些概念只是观察者无理地强加给它们的。

那寂静的供给者。他可以区分将近一打不同种类的寂静。

比如现在：那褪色的寂静。

在秋日一个晴朗空闲的清晨，当在射程之外的某物突然变得触手可及之时，白痴从一朵在进行轻松交际的云上掉了下来。他感觉，自己仿佛在一个友好的大家庭里成了客人，好像孩子与亲戚们正反复包围着他，绕着他嬉戏，并不断与他搭话……是的，这难道不就是死亡吗？它在轻松交际的摇篮之中、在来与去之间，试图说服我们相信它是柔软的。

那惊叹卷土重来了——当他周围那个老人可谓踏上了一片仙境，当他周围的事物看起来都如此令人惊讶，他长久以来持有的一种观念——生活是可以被协商的，也因此受到了破坏。在过去，他曾经是一个宣布消息的意见领袖，而现在他变成了一个安静的发问者，一个自由、不受任何束缚的低语者。每个午后，在那被皑皑白雪所覆盖的田野上，有人影踏步穿过，那人影甚至比人更多。如果一个人独自待着，如果人们无法看见他并将他与他人比较，他究竟能是多大年纪？此外，他每天会碎碎念些什么东西呢？

冬日的太阳一头扎进了灰暗的天空之中，第一片雪花试探着、寻找着，从空中落了下来。它为一场即将来临的大规模降雪寻找扎营之地——它慢慢地晃悠着，作为一个报信者、一个间谍、一朵侦察员雪花。

已经尝试过一切对比了。想要评断事物的欲望收买了最为正直的话语。

它们应当与那条被风吹出的道路相似，也像那惨白的灯光与红色的赤杨木林。也许该有一次，在未经充分思考与勤奋的深思熟虑之间选择前者！

几乎是必然地，他来到了一个十字路口——一边是终极觉醒，一边是终极迷醉。这迷醉令他最终成了白痴。这两条道路，一条把他往回牵引，引向人与白昼；另一条则将他导向更深处的梦与黑夜，引向那仙境。

就这样，他选择了那条无秩序的变小之路……变得越来越小，是为了更好地去配合，更深地去适应那征服。被征服，现在恰是激情那最后的胜利。

在这段时间里，发现更深处的习惯性，已经堕为司空见惯的事情。

每一天，那些于日常之物中被人所忽视的东西，赋予了那些现在被使用的、最为常见的事物以成熟和生长的假象。

流动的不是时间，是隐喻的诡计。它环绕且摇晃那不断产出新物的分娩者。这是子宫时间。而那尚未出生之物的曲线，那是象征被包含之物的普遍标志，他在"正直的运转过程中"时，不会离开这一曲线。

在他对形态的深深信任之中，他不能放弃这个观点：栖身之所与巢穴是一样的，每一个隐匿性都等同于一个孵化场。既然在子宫之中某种物质变成了我，为什么在骨灰盒中，我不能再转变成某物呢？

他让自己喜欢所有东西，并且对它们会意地点着头，就好像对于好人来说只存在一个目标：更广泛的善意。一种加强的、有极高接受和忍耐程度的善意。

人们可以轻松地，对几乎所有事物做出总结性的发言。

因为在语言中，意义结束于语言终止之时。

那些足够狂妄的人，他们宣称地球是否毁灭将在不久以后听凭人类安排，他们也热衷于相信一种幻觉，就是那些奸诈的工程师们能够成功建造出某种类似特洛伊木马的东西，将其最终牵引到天堂之中，去夺取上帝的绝对权力！（与此同时，实际上，他们仍旧一直被囚禁在法拉里斯①的公牛那燃烧着的身体里，这也是为了让那些神话故事多一些自由发挥的空间。在此，他们将永远被烘烤，并用他们的呻吟声填满这个世界！）

那个慢跑者头上的发带变成了一个灼热的铁环，它向内切进颅骨，不断地压迫着收紧。直到杏仁体，也就是脑中的那两个杏仁核被它彻底地扎在一块儿，慢跑者天生的谨慎心理也就此被掠走之时，它才停止收缩。遭受这般苦难的跑步者正是一个流氓。每一次，当他摔跤的时候，他都会朝天空伸出他的拳头，怒气冲冲地大喊："造物者啊！"

技术批判的道德在哪儿呢？现在，聊起自我毁灭时，大家都会立刻聊起全世界，谁还会再谈论技术文明的自我毁灭（按照君特·安德尔斯②的说法）？直到人

---

① Phalaris（约公元前 570 ~ 前 554），是西西里的阿克拉加斯的暴君，曾把敌人置于空心的青铜雄牛腹中炙烤。

② Günter Anders（1902 ~ 1992），奥地利哲学家、诗人、作家。

们将生态技术与苏格拉底哲学的门徒结合，即与风、火（太阳）、土这些元素结合，并发展出一套拯救世界的说辞，一种末世论的安抚方式最晚会在此时登场。此外，有时在一些领域，现实的困难与理念上的压力会互相交织，仅仅如此，那套有关覆灭的说辞就已经能发挥出过于夸张的作用。上述领域在运作时，一方面带有可被理性化的恐惧，另一方面则是可被妖魔化的事实，就好比那些我们所熟悉的、事关气候与核能的场景。当思想被过度使用，当感受被耗尽，覆灭论就将不再符合任何主流的舆论看法。然而，与之相反的是，覆灭论的魔法将持续存在于无数模仿它的游戏与电影之中。当覆灭论还只是一首诗的时候，那个诗人认为，世界末日的最终痕迹存在于血液之中。被反复模仿的末日预言删去了所有关于它自身的深刻想法。

7

据说在叙拉古①的采石场，保罗曾经传道了三天之久。对此人们不应想到一个庄严的演讲者，而应当想象一个正用手死死抓紧山崖，为了言语的尊严而奋力拼搏的人。

"即使我在言语上是一个白痴，我在认识上并不是。你们普遍对此都已熟悉。"（《哥林多后书》，第11章第6节）

人们完全不了解口吃者的言语暴力。一场支支吾吾的演讲能在人群中引发一场震动，而这也并不为人们熟悉。如果谁能感觉到那个新手演讲者舌头的停滞，那么他就能从那生硬的戒条之中听出，这个口吃者是一个残疾的传道者。

语言开始时的某种隆隆声曾经给他带来了某种刺

---

① Syrakus，意大利西西里岛上的一座沿海古城。

激，令他一生都为之战栗。对他而言，从未诞生过一种漂亮的风格，有的只是一种对震动来临前所做的符号标记。因此，他只能成为一个口吃者……一个说话断断续续的人，一个在信息传递道路上的瘸腿者，当他在地下刨找着句法的时候，他的身体已经开始战栗，而从他口中吐露的句法，没有一次是完好无损的。这种对生活的体验，它不能容忍任何漂亮的风格，它所能容许发生的，只有那些标记骚动的符号。正是这样一个口吃者，即使并不真的口吃，他也确实会在持续的骚乱之中，陷入语无伦次的境地。那个笨拙的人敢于反复针对一个充斥着灵巧性的世界发言，与此同时，他也不可避免地会与智识的执法机构发生碰撞。智识的守卫者来回晃动着茶杯，因为他们，那些正困难地说着话的人开始开动了脑筋。他们不曾注意到，轻松地活着是不朽者的属性，轻松地说话则是只有在极乐世界中才能被赠予的能力。

　　一个对自己优雅的风格极其自豪的作家，他在阅读他所心爱的塞内加时遇到了这样一个观点：认真的选词和语言的完美，都毫无疑问地指向一种智识，一种过度显摆且毫无思想深度的智识。这令作家感觉，他仿佛直接受到了古代地下墓穴传来的呵斥与责备，他的写作也因此遭受到一种严重的阻碍。但尽管受到了妨碍，他仍然继续写作。看看那儿吧，正是要感谢这个妨碍，他的句子失去了自身那自命不凡的愉悦感；他的风格即使还称不上起伏不平，也已变得不再平坦且粗糙。他就那样一把抓住言语的颈背把它们拎了起来，然后，他再用握紧的手将它们放到准确的位置上。

只要除了艺术品之外，它还能够毫无遮掩地进行自我表达，那么最为发达的意识就依然能保有其天真。最为高级的意识只能在艺术品中被创造、被拯救、被保卫，并且得到具有划时代意义的革新。创造语言的内涵意义——让向外表达之物离去。被交错重叠之物得以保留，同时它也保留了自身。

在语言中，被写成明文的言语多得就像那不断陆地化的低地沼泽，它们位于沼泽林中，营养丰富。那被言说和表达的，正不断在每个句子之中寻找一种充满意义的隐居，因为它想要过一种生活，一种不曾被言说过的生活。

在所有阴影之中，最为阴暗的，就是文字了。人们也许能发现，带有电子文字的显示屏与古代的蜡版完全是两回事。在这儿，文字来源于被删除之物，它们所追求的目标，也是被删除。

在那个定居的男人看来，预兆正在不断积聚着。他看着那些强壮的飞禽饱经磨砺的羽翼。在互相交错的飞行之中，文字写下了有关未来的匮乏的消息。

手写体失败了，它已经屈服于一种力量，那种力量在远方牵引着它。这与一个人的人生经历没有什么不同：如果一个人赛跑时弯着脖子，那么他如何能不错过他的目的地？

因此短暂停留。犹豫。迟疑的循环标志。

比喻的整体。从"世界之书"到遗传密码的字母排序，在地球尚未出现字母的时候，二者就已然存在。生命并非通过书写诞生。创世的上帝不是一个作家。我们现在所阅读的内容，如果是以它的原始语言呈现，那么我们不能读懂。

要是把一切被写下的、不可读的都解释为文字，那也是很可怕的。记忆的痕迹，回忆的文字。但是如果没有什么被记下来，包含的只有流动的溶液，那么那也许是一滴来自"一切都在同一个屋檐下"溶液的液体。思考、感受、演说、梦想——一个巨大的搅拌混合碗、营养成分充足的溶液，此外还有嘴唇－喷射，溶液会从其中成滴或成股地流出……需要将回忆一直称为回忆，这是难以令人满意的。就其自身来说，这是一个充满善意且贴切的词。人们许愿，希望自己能够在很早之前就创造了这个词。明显地，它意味着对已经历的生活的描述，这发生在神经化学的激发样本的方方面面。没有堆积物，没有沉积物，有的只是过程和细胞结构的联合。一切都在一个屋檐之下。

在太空中，没有人比我们更加肯定这个观点，即我们是个谜。完全的孤立者，与一个世界隔绝。在这个世界里有翅膀的振动和具有防护作用的流言。仿佛是在一个阴暗的塔楼里，语言紧贴着墙壁螺旋式向上升。对此我们希望，这个塔楼在一天夜里变成天空的听筒，让我们的低语得以传达……

……这难道和那个愚人的努力不是一样的吗，

如此轻声地昂首阔步，以至于地面都

无法注意到他？

他紧压着膝盖，那是腿

伸展的地方，

他先是晃起了脚，然后

他用大声地咳嗽，骗过了地面，

他小心地踏上那地面，另一只腿马上就

跟上。

又是一步！热烈祝贺。

还有十七公里就会到达海岸，

那个大海开始的地方。

在那里，也再没有任何墓穴，能够突然

在他的脚下裂开。

除了那些星辰，没有什么人在笑话我们。尘世间种种事物整体所构成的闹剧，只有隔着最远的距离、于全景之中才能感觉到。

一切就是这么存在着。那唯一不存在于此的，是在一切背后的那个句号（Punkt）。就这样（Punktum）！

在网上也有"充满价值的东西"，不再是什么令人惊诧的事情。因为这符合沟通的风格：有用之物总是向无用之物借取那美好的过剩。借此，大事件将在最后于所有事物之中，重新带来那种巴洛克时期的，人生皆是徒劳之感。

在那个小空间里，除了减弱再没有别的事情发生。

一切力量、愿望、意义都在减弱，就好像人们可以小心翼翼地消失，一寸又一寸，一丝光芒接着一丝光芒地退去。越来越少，这是一个通往不再显现的过渡阶段，直至不在场已经在不知不觉间得到了迅猛的增长，直至人们完全消失，这个空间被填满。

"他通过不在场而闪闪发亮。"这句话实际上的意思也许是：他的不在场散发出的光芒。

在某个时候，即使是无法实现之物也会被耗尽。人们用剩下的东西，来修饰他们所拥有的。

每一个句子都在尽力确保它们与一种德语是一脉相承的，那种从哈曼到穆齐尔的德语句子。去书写，受制于那种平均的开明思想，相应地，加强了一种民族文学的内向性。

一本书是一种沉默，看起来犹如一个私人小金库，人们打开它——然后人们踏进了那种沉默。在过去，一本书一直是一个密封的房间，人们身居其中来进行阅读。最好的读者永远不会是那个谈论书的人，而是那个分享其沉默的人。

在此期间，那个诗人还只能算作一个活动组织者。他的作品在某些场合会被表演。它们仅在庆典的情况下出场，在那儿它们甚至能短暂地找到大量听众。

人们必须明白，"也就是说，现在，每五个作家只能分摊到一个读者……很多人都能够写作，但是会阅读的人不过寥寥"。

特谢拉·德·帕斯科①，20世纪葡萄牙伟大的神秘主义诗人，在一次与他的作品译者艾伯特·维诺·特伦②对话时如是说。（刊登于特谢拉作品《希罗尼穆斯》的后记中）

在使用沟通这个词的时候，只有它的宾语创造了一种联系。

"人们传递上帝的信息，借此上帝存在于他之中；他传递地里水果的信息，借此水果获得了意识，并分得了神性。"（特谢拉作品《保罗》，根据其变体论的变种。）

那场沟通的鼠疫是否会了结所有静止的思想，以及每一张难以被认错的脸庞？如果情况与此相反，那么人们会有不同的意见：一个强势的个体，它的实质一直以

---

① Teixeira de Pascoaes（1877~1952），葡萄牙诗人、神秘主义者。
② Albert Vigoles Thelen（1903~1989），德国作家、翻译家。

来都基于其适应能力。它的内部表面同外部表面一样，都装备有许多闲置且未被使用过的位置，以备变动之需。强者取来了必需之物放到了这些位置上，必需之物就此融入。弱者则一如既往，仍旧是风中无用的稻糠。

在逃亡去安全的地方时，那只蚂蚁只是孤身前往，强有力的集体控制在此失去了它的作用。

如果没有什么特殊情况，荣格①和德日进②都会同意这样一个观点：结尾将精神化的任务托付给了我们。人类的意识如同个体的意识一样超验：它逃进了人类圈，它在结尾符号欧米茄那儿集合，那在永恒中都不会覆灭的欧米茄。

他们二者都不会想到，这个目标通过信息技术的道路（巨大的存储器，全球性的云存储）已经可以"暗度陈仓"地达成了。

当那云已经将我们包围，当数据要以数十亿的拍字节（Petabyte）来计算的时候，谁还会遵循那些路线？那些数据如同一切不稳定的秩序，在其中，好与恶的最

---

① 此处应指 Ernst Jünger（1895～1998），德国小说家、昆虫学家。

② 此处应指 Pierre Teilhard de Chardin（1881～1955），法国哲学家、神学家、天主教耶稣会神父。

小组成部分总是混乱地拥挤在一起。

让人免于恐惧与战栗，没有大起大落（他的可怜也仅仅能成全他一个人取得这些），这在现代生活中早已是理所应当的了。尽管理性反复因为它与魔鬼签下的契约而骄傲自大，但是它也实现了一件事，就是让大部分人在一个普遍中等的氛围里感觉到安全。在此，精神的听觉被降低了高度。许多事情之新，几乎令人震惊。这是因为，在对它进行评估的时候，是基于已经降低了的规模，有关接收与记忆的规模。有时候，这种感受会影响到一个倾听者，他想再一次听听那振动，它源自业已取得了的感受能力。他渴望拥有更好的听觉——但他再也不能突破那强迫性的听力障碍了。

对于是什么和如何完成，对奥古斯丁来说，到来的是永恒：那是保持不变并且将一直以其本身面目而存在的东西。那些此刻你正在凝望的星星，乌拉尼亚在天空中写下的文字，你如何阅读它们？它们是瞬间的还是永恒的？

对此还有一些纯粹是编造出来的趣事：布尔斯费尔德的修道院院长——此外，也因为侯爵强迫他发誓放弃天主教信仰，让其修道院采纳新教的信条——认为，整个中世纪晚期就是一段无法定义且没有具体日期的时光。如果有资料记载，他的某位前任在 1265～1303 年在此任职，那么按照他的观点，这应当完全是某些修道士的怪癖：玩弄数字，或者更确切地说，令数字远离自由的领域，并且为了确定时间而利用它们。有一天，一个古怪的念头从修道院翻墙而出，并马上扩散到四面八方。事实上，时间曾经并无顺序可言，有的只是在同等长度时间下，同时出现而后又消失不见的东西、人物和事件。时间曾犹如一潭死水，不为河流所盘绕。它是一个密集的生物栖息地，一个永恒的分支机构，但是它并非河流本身。

在过去，在亚里士多德学派的人看来，既不存在开头，也不存在结尾。因此很明显地，宇宙大爆炸和熵不可能与这样的欧洲思想同时诞生。

毫不引人注意地活着（Lathe biosas）。一种无疑属于过去的幸福，在其空间中孤独地生活，这就好比是那来自一颗坍塌的星星，其光芒直到现在才到达我们身边。有时也会感觉自己身处于那逃离了众人的四堵墙中。

我们如此频繁地重复一些事情，而对整体只有一次。这个整体——它是你的空间，它为你的"仅有的一次，没有重来"提供了足够的空间。

如果再没有什么人向你提问，那这就是你回到了自己家的时候。

那宽敞透气的大厅，是由"没有人呼唤你"构成的。所有缺少的东西，都会完全变成斯多噶－空间。那理想，那最后一个等待着你的，是人、墙及世界之间的贯通性。喷泉大厅、长廊——每一个通道都是一个过渡！

"另一个人"也是一样。你觉得他看起来像是一个人，但是他其实早已变成了一个可以渗透的人，你可以穿过他进进出出。

不同的人喜欢不同的地方。每个人在想象彼岸时都相当天真。

但是也存在那种明亮的、向远处伸展着的喷泉大厅，没有开头，也没有结尾。在这里，安静且友好的造物可以不断地得到疗养，同时，它们也只可以饮用那唯一的治愈圣水。那个温泉大厅可以变得充满光亮并且伸展得无边无际，但这只能发生在一种情况下，就是当聚焦在这个大厅里的人，都是就像死人一样被征服了的人。这些人现在明白了，他们在活着的时候所热衷的兴趣爱好，并没有任何的意义。因为更高级的无意义，他们的额头满意地发出光芒。他们守护着你的躲藏。

这只是……为了被丢在花园里的椅子，为了那皱巴巴的挂在桌角之上的餐巾……因为曾经如此存在，为了遗留之物那无关紧要的美……一些东西留了下来，还有一些最新的东西也停滞于此，不再行进。装有浅色葡萄酒的瓶子被打碎了，酒顺着台阶，流进了丝绸般的火焰里。一个秘密的编码！秘密的编码，就好像还有别的词可以形容带有壳质的小生物、装甲的小幅图片，这些图片正在爬行着，精神在图中退场了，它结上了硬壳退到了安全的地方。在那儿它先后挺过了大火与洪水，以及从史前以来就完全相同的东西：岩石与手指；水源、墙壁与荆棘；葡萄酒、马与肚脐。

在我们总是倒行的地方……冰河时期的人类曾为了彼岸将一切事物颠倒，并认为每艘船都在往回开。这是个颠倒的秩序，或者不如这么说：颠倒着介绍同一个秩序，而后再从这神话中取些东西塞给我们。因为对白痴来说，好像他已经在一次试车之旅中度过了一段漫长的人生。

白痴和他的时代——一个时代，一个他成为其鉴定标志的时代，一个属于他自己的、不再与任何其他人共享的时代。

有多少脑袋，就有多少意见①。然而，在政治正确的考量和追求下，这句话是不可能实现的。如果让瓦雷里来说的话：有多少脑袋，就有多少时间，然后会产生一种自以为独立的巨大幻觉。每个人都活在他自己的时间（-单元）之中。不存在任何不合时宜，也没有什么普遍的"对时间的感觉"。那个时间孤岛一般的人——白痴。

很久以前，人们曾对时间十分敏感，他们甚至能在固定的时间点感受到细微的战栗，那是一种运动着的历史。

疼痛与它的叫喊一起袭击了新的事物与消息，并且将它们都杀死。疼痛本身仍是不可被消费的。所有余下的声音则在互相吞食着。

我想请问你，你怎么可能一边拥护第欧根尼②，同

---

① 原文为拉丁语，Quot capita tot sensus。
② Diogenes（公元前 412/404 ~ 前 323），古希腊哲学家、犬儒学派代表人物。

时又对代达罗斯①致以最大的敬意？我的意思是，对一个无欲无求的人致敬时，怎么能像对待一个不断追求进步的工程师一样？你——对现存的和正如此维持着的事物满意的你——同时也与野心勃勃的科技发展为友。

答案是：从现在开始，我将参与一切，我会使用运行安卓系统的手机、蓝牙投影仪和高端音响。所有电子和信息科技的创新都刺激着我的购物欲望，我将在平板上阅读报纸。但是我也拒绝，拒绝看到人类的命运自我实现于以舒适为目的的革新之中。

但这并不是在否认，源自叙事祖先的"现实主义"，我们对其的所有回忆都会被这些崭新的数码方式所妨碍，或者甚至可以说已经被完全消灭了。想要沿袭旧式的线性叙事方式，跟随长篇小说的历史，对我来说，已经变得越来越吃力。因此，我被同化了的文字是紧凑的一个部分，我的回声是一个片段，它不处于一个序列之中，而是与所有剩余的部分以一种地下（"网状"）的形式联系在了一起。这些剩余的部分互相交

---

① Dädalos，希腊神话中的工匠，来自雅典。曾因嫉妒弟子才华，杀害弟子而被赶出雅典，在克里特岛为国王建造用于关押半牛半人的怪物弥诺陶洛斯的迷宫。

织，最后呈现出的并非一个过程，而是一个同步的舞台群像。我的数码程度（digitales Maβ）、细枝末节，我的时代与片刻时间所留下的指纹。正是那些琐碎之处才造就了与众不同。

我曾在一个人身上挑拣出上千个标记——忽视了他总是被标记的特点。

每个人站在其他人面前时，都好像是站在一扇橱窗前。只有从正面，靠得相当近的正面，人们才能看见他人。谁能对他人的了解比从一个正面像上了解得更多呢？这正面像之中甚至还包含了剩余的内在。连那深处的忧虑，也因为大部分亟待解决的问题而被推到了前面。它的语言缺乏一种"去将其描述得与此不同"（保罗·策兰）的迫切性。

即使只是一股滴答着水珠的溪流——凡是下落的水流，都很唠叨。

尤其是那些喷泉把戏，它们的水流张狂地飞溅着，水声讲述的纯粹是些琐事。它们借此讲述着河流伟大的旅程，但事实上它们对此一无所知。它们之所以可以这样做，是因为深沉的河流不愿打破自己的沉默。

一个从不知足的生活。供方经济与解放运动的教育产品。

伟大的绘画教导我们：照亮人物的光也来自他处，而非仅仅来自人与人之间。

世俗者理智地对此做出回应：这用来形容那数百万幽灵恰好很贴切。他们终日在电子屏幕的幽暗的亮光下无所事事。

在我们观察伟大且沉默的绘画时，一些破烂的画流出了肮脏的污水。每一天，它们都把我们弄得脏兮兮的。那些伟大的作品则洗涤我们，除去视觉垃圾的巨流所带来的污渍。

即使是那些仅仅表达了艺术家绝望心情的艺术品，也令人感到高兴。作为艺术品，它的确有一张漂亮的面孔。每一个由深沉的悲观主义者精心打造的句子，都在肯定这个世界。它把握住了某些事物——对贫困的认识像钻石一样闪耀着光芒。艺术之美所带来的愉悦感在根本上比宗教的愉悦更为纯粹。二者也许处于一种互相竞争的关系之中。宗教的愉悦感取决于信仰，并且终归不需要任何对象。相反地，如果艺术之美的愉悦感没有对象，那将是不可想象的，即使它十分微弱、无法带来超验感受。但一直以来，它也是一种无法区分对象与现状的存在之愉悦。然而，仅仅是有趣的那一点东西，就已经实现了对美的背离。

今日的共识性用培根哲学的市场偶像模式影响着彼此。在很久以前，它们（一种"充满偏见的性情"之碎片）从紧密的相互依偎及人类种族的结盟欲望之中诞生。它们的黏合剂是"协调一致"的陈词滥调。彼此触碰的怪胎们与理性沉睡的产物结为了同伴。

借用进化生物学，在此期间模因（Mem）这一名称——其实是基因在文化领域的对应物——在网络上被用于形容某些思考模式。它们通过交流广为传播，并且引导人们想出了更多类似的内容。网民并非消费主义的群体，反而正是他们在互相制约的过程之中建立起了主导的管理体系。就其核心而言，这一体系传播的是一模一样的消息——以意见、偏好、谴责和指示的形式。他们把罗马尼亚的伊桑·利普科维奇（Ethan Ripkowiz）选为最知名的世界公民，因为他曾在一个简短的视频里证明了，给他的脸铺上加热后的芒果叶子，他的脸就会变成一个桦木的节孔。如果他之后坦白，他未经剪辑的小视频其实是伪造的，那么他将变得更加有名。

数百万人环抱，这曾在很长一段时间里被认为是一种冒失的、对人类幸福的夸张表达。直到现实表明，它的确歌颂了一种脸书（Facebook）友谊的未来、一种宅男宅女的环球感受。古老的孤独感和古老的社交同样在其中遗失了。"一个由遁世者构成的朝代遍及全球，它已经改变了地球表面。"［J. L. 博尔赫斯①，《特隆，乌克巴尔，奥比斯·特蒂乌斯》（*Tlön，Uqbar，Orbis Tertius*）］

即使是最有权势的传播潮流，也无法改变伟大艺术品的不可测量性与不可沟通性。它们能够做到的，仅仅是在中等的路线上、于中等的智识中舒适地获得胜利。

还有什么人与物尚未被授予过利维坦的称号？那是在很久以前，在利维坦逐渐形成它最有力的形状之前，在它成为一个身处媒体社会中，生活完全不可隐藏的形象之前。一种无法强迫、不可规训的力量掌控并管束着一切。它让大家都接受了它，它吞下些什么，也吐出些什么。这力量并不留下什么。它从不学习，也从不后悔，也许有些事物会因它而变形且被摧毁。

那些冗长烦琐的废话构成了一个市场。这个市场上的作家试图在数码时代的众人之中脱颖而出。单是为了

---

① Jorge Luis Borges（1899～1986），阿根廷作家、诗人、翻译家。

反对这种市场及其扩散，书本就必须越来越厚，也越来越封闭。它将会再度宗教化。在此，浮夸之词与讽刺之言同时响起。当司汤达的出版商在向他讲述《论爱情》一书销量不佳时，就是用了这种腔调：您的书很神圣。没有任何人被它打动。

密闭气体不规则的分子运动与等待的内在状态相似：它们都没有历史。在此，没有什么想要到达一个终点或是试图进行线性运动。这里充斥的都是可能性、回忆和潜能。因此，要选定一个由嘈杂、飘荡的粒子所构成的模板，将是很不切实际的。

当它并非植根于诗意的物质之中时，什么会令我关心一个哲学家的世界观？

观点必须像风景一样漂亮。

只要舆论被说服了，谁都不喜欢正确的。

人们会回归一种观点，如果它够漂亮——也就是说，最终还是没有理解。只要人们能够从中感受到激情。

已经有如此多伟大的艺术品存在，但只有极少数的人能够坚守其影响。想要提纯一种可交谈性需要好几个钟头，在这段时间里你则需要保持沉默。人们真正可以训练的事情，就是变得更易于接受。

发射端过度地掌控着世界，接收方的功效则是在减退。我周围的人总是无法控制想要倾诉的欲望。就好像对话控制论所要求的那样，他的讲话不是在我——接收方隐秘的反问中形成的。这个讲话根本不在乎我。

用这种语言，我们所能征服的世界会变得一天比一天少。人们越是傲慢地（"全球性地"）谈论、计算和思考，最后的伤害就越可能在极为偏僻的地方发生，那是一种拥有言语能力的伤害。

因为绑住了儿子，父亲也永恒地与他的牺牲品绑在了一起。人类的精神世界曾经转向一神信仰，这发生在古代希伯来。它通过阿伯拉罕与以撒"捆绑"的故事——捆绑（Akedah），得以实现。儿子对父亲说：捆绑我吧。我比你更强大。

在欧洲，两百年后将会不可改变地诞生最后一个金发的人，而且她是一个芬兰女人。人们已经预先估计到并决定了她的到来。因此，在隐隐提前的担忧之中，越来越多红发的人开始觉得彼此很有魅力。欧洲范围内红发人数激增。在短短几十年内，红发人数已经翻了十倍。一小部分聪明人则调整了兴趣，并将其提升为对管教的兴趣，摆脱了数据对他们的追捕。红发人数的增长完全在意料之外，没有人预计到这会发生。而对于金发者来说，再把他们列入物种保护名单也无济于事。"金发野兽"也早已成为童话中那明快的、白色的善意势力。

瓦雷里（Valéry）的话在此也适用："我会将希望称作某种不信任，一种我们对自身预测之准确性的不信任。"

昨天是某种想象之物，期待的恶习就来源于这种想象。

基本上，我们只期待我们已经美化了的东西。

因此，感觉自己被那种从未真正存在过的未来所吸引，是愚蠢且可笑的。

无论如何，未来会让人忘记自己在今日关于它的所有设想。

早早地领会分形几何结构的自我相似性，诗意地表达曼德尔勃特几何：

"古老的阿那克萨哥拉①已经证明，诗人卢克莱修②

———————

① Anaxagoras（公元前 500 ~ 前 428），伊奥尼亚人，古希腊哲学家、科学家。

② 此处应指 Titus Lucretius Carus（公元前 99 ~ 前 55），罗马共和国末期的诗人、哲学家，以《物性论》闻名于世。

也曾吟诵，每一个部分都由大量同样的小部分组成，无穷无尽。而一颗心，也是因无数小的心而构成的。"

[让·保罗，《秋日繁花》(*Herbst - Blumine*)]

嘴巴的语言在河流之中欢腾着。所有人都谈论河流，它是变化无常之物最古老的象征。与此不同的是，身体的语言则基本上是过时的。大部分事物都是由从前的日子来到我们这儿的。它们传承自祖先，充满了仪式感。它们或是改变得十分缓慢，或是仅在使用新的工具时，才接受一些奇怪的废话。就好像是一只伸长了的、握着遥控器的手，它并不指向或是意味着什么，而只是在寻找着联系、向外发射一种推动力。或者说，像是一只贴在耳边的手。在这只手下藏着一部纯平的智能手机，它也令人不由自主地回忆起睡美人故事中的那种身体活动，它因催眠魔法而变得僵硬。也就是说，令人想起一只在所有时代都牢牢附着于耳边生长的手。

"生长"在耳边的手（从前，它出现于一个人把耳垂拉扯得起皱之时），对它的印象导致了一种状况，就是我在一个人的整体经历和叙事般的时空行为中考察他时，会发觉他是不连贯的。我看见他彻彻底底地停住了，甚至正是在他大步前行之时，就好像一个贾科梅蒂①雕塑的人物。

时间催促着——催促的其实只是奔跑者。它并不催促停滞者。它围绕着停滞者自我聚合。

曾经有人居住的地方漂浮着。那里现在空无一人，只有满满当当的空旷。这些地方就在停滞者的轨道上旋转着。所有曾美化了未来的烟雾都已被吹散。人们尚未放弃的地方是球面的，它更多的是一个混合体，混合了过分的企图、绝望的希望、永恒的吸引、失败的诱惑、贪婪的事前的喜悦——现在，所有地方都包含了一种对完全居住的遗弃。

看，我就曾住在上面那如朝霞的围墙之中……住到我满身伤痕。

---

① 此处应指 Alberto Giacometti（1901～1966），瑞士雕塑家、画家。

8

87　　**霍**夫曼斯塔尔曾经写下一些文字，描绘了一种魔术般的"差不多"和一份轮廓愈发清晰显现的草图。这也让读者自己成了正在勾画草图的人。他如此急切地体验到的东西，在叙事的模式中被精细地再现了，并且成了一种常态。但它们从未能使他再次体验到相似的激动感受。那份草稿带领每个人进入"自我勾画"——也就是说，出于深思熟虑，出于过去之物，出于叙事元素——因此它并非某个会在之后继续完善的作品提纲；而是一种展出和对过去一切事物的接替。草拟行为是一种对不完整之物的沉迷，也是一种诞生，它不需要任何已诞生的事物就可以符合法则。

移情作用（最近被时髦地称作同理心）的历史是否大约在神经通信的相互作用下结束了？是否不久以后，因为一个人已经被其他的存储器填满，并逐渐变得

· 84 ·

与其相似，就不会再有可以为他人设身处地思考的"我"存在？由此，"和我们所有人一样"的说辞在所有人心中变得愈发庞大、有力。

啊，我们将再度听到哲学唱歌！一旦好奇与兴趣因认知技术而完全消失，思想就会作为一种诱惑的旋律落在队伍后头。人们必须再听一听，曾经的思考能够于现时发出多么蛊惑人心的声音。

希腊人瓦雷里的精神与所有感官同在，直至今日，在现代对知识的认识上，他依然位于最前沿。他无法让自己去相信，应当只对智识宣誓效忠。而现在，"智识的"对我们来说成了思想幼稚的同义词，这也不是他的错。

每一个意识都会沉睡（他的无知与无辜）。它会于沉睡中唤醒下一个意识，从中我们将有意想不到的发现。

伴随着我们每一次新的发现，我们也会怀疑，新的发现只能让尚未被发现之物越来越多，而绝非减少。是的，所有新发现都加强了一个印象：我们从根本上低估了这个世界。

那些因语言而向我们敞开的想象世界，它们永远无法像我们的身体内部结构一样复杂。

它们也不允许自己那般复杂，因为精神中的人只有很短的历史，而生理上的人已经历过轰轰烈烈的进化之旅。比起精神，身体的发展更为高级。我们交替着描绘出的世界图景一定比神经生理学的设计更为原始，因为它正是这种设计机制的产物。若非如此，我们肯定将坠入一种不可校验之中。大脑和现实世界看来离得如此之近，就好像可能明显地存在一个同样多变、精确的想象世界。

与白蚁群的相似性消失了。肤浅地看来，白蚁群只是一团不洁、恶心的密集之物。但事实上，在王国的所有个体都不知道整体是如何运转的状况下，它们却能维持着最具目的性和无往不利的秩序。蚁群通过触角发出颤音，然后互相交换糖浆和分泌物。这就是它们相遇的动力与意义。

我们在日常生活里对社会的意识符合社会延展的特性，它们也原始、狭隘得各不相同。在此，意识不会带来哈姆雷特病患者，而是（通过创造性地切割知识）从我们所有人中制造出活跃者。就如同在实际操作中那样，一个高度发达的社会结构几乎是强制性地需要意识的减少。也许只有到了更为明显的程度，体制研究者们才可以看清这一点。

这意味着，由于它的毫无眼界，自由主义的社会秩序变得营养不良。事实上，除了它本身，没有什么再需要它忧虑的。

大多数人要求社会秩序应尽最大的可能简化，他们也认为，社会秩序就是由这些简化所构成的。但事实上，一个持久的社会秩序会产生压制性的体制，它们不仅限制行动者的自由，同时也自我聚合——类似有机体的增殖——构成相互交织的共存状态。这样的秩序最终追求的似乎就是自治和自我组织。如果没有外敌内患带来责难与诱惑，一种民主外部的超有机体将得到充分的发展。就像超分子最初的目的是要创造有机生命，超有机体则令高度复合的存活形式成为可能。即使被充满敌意地摧毁，这种社会结构依然会永久地存在于有历史意义的世界之中，并且不断地进行自我恢复与重生。也就是说，一个成功的社会秩序，即使只剩下唯一的孤立、溃散的细胞，它也能借此进行重组。

20世纪上半叶，不同的国家与社会形式都在未经考核的情况下，就对（革命性的）设计表示了支持。与此不同的是，西方民主的胜利、漫长的和平时期与近代所写下的史诗，在此期间走向了流血斗争。如果有哪个不同的政权还总是想要起来反抗，那它要么会因为自己对成功历史的记忆而失败，要么必须根据这段记忆来辨明方向。

将所有方面注入同一个人：人们应当让文化立足于街头；人们应当让更多女性在更高层级担任职位。人们应当生孩子。人们应当深入研究伊斯兰教。人们不应离开有相同价值观的社群。每一个处方或者说纲领，都带来了不计其数的畅销书。人们无数次地宣传所谓正确之物，除了应该如何操作，我们对一切的了解都增多了。因此人们很容易忘记，糟糕的现实是一个庞大且深不见底的王国。已发生和尚未发生的事件在那儿堆积成了珍贵的宝藏，它会对不追随任何纲领的人突然开启。

如果没有太阳，金子就没有什么价值。比喻决定价值，储藏和股票交易所决定价格。

还有一个纯属杜撰的趣闻。年轻的斯宾诺莎专家艾德文·冯·苏尔（Edwin von Sühl）通过寻觅尼采在锡尔斯①的痕迹，终于有望得到一个学生。他悄悄地留下了两条源自交际世界的秘密信息，禁欲者后来在他的洗脸盆旁发现了它们。一条包含了歌德的名言：被孤立的人永远无法达成目标。另一条则是诺瓦利斯在《塞斯的学徒》中的言论：没有任何挣脱一切要动身去岛屿的人，能靠自己拥有理性。

啊！这儿混进了一个人，一个背叛者、一个怯懦的批评者、一个提醒者、一个藐视一切的人，他同时还假扮为他的信徒。他想要教导他道德！真是一个大师的学生。

做一个自由主义者，只对拥有自由灵魂的少数人来说是好的。"为所有人"，自由会因这句话而迅速变得极为廉价。个体在遵守规则的时候，自由给予他的会更少。而如果个体违反某条规章制度，则会增强其智识和地位。

关于什么的自由？这是一个结束了的疑问句。自由，为了什么？这是一个修辞的句子。为何要自由？这是一个充满怀疑的总结问题。

---

① Sils，瑞士城市。

自由的价值很高。顺从（联系）的价值很高。自由的价值威胁着顺从的价值。但反过来看，它是相反的。顺从的价值支持着自由的价值。

在时代交替之时，总有众说纷纭的品位之争。某些特定的文学偏好与余下的文化共识相匹配。在这一匹配之中，那些偏好的传承被加密和采纳。贡布罗维奇（Gombrowicz）有一句名言叫作"越聪明，就越愚蠢"。这个评断关乎我们所拥有的，也束缚着我们的知识，但现在似乎再也不会有人认可它。这完全是不恰当的——尽管如此，只要它打动了欠考虑的聪明或是公众的智识，那它就算是正中靶心。

互相竞争的偏好在历史上未能达成定论：我支持伏尔泰，反对卢梭。支持威尔第，反对瓦格纳。支持海涅，反对诺瓦利斯。比起改变主流的品位，近代的历史更多的是保持了现有的分裂状态。

只有异族统治能带人找回自己的身份认同。然后人们才会开始利用它。身份认同——我们现在不需要。为了身份认同，我们现在所需要的是异族统治。对德国人而言，还有什么比在自己的国家成为宣誓效忠的少数派更好的事情？

本雅明在《拱廊街》中写道：19世纪是一个时间段（或更确切地说，一个时间－梦?)，"那时个人的意识不断地进行着反思产出，集体的意识则与之相对地陷入越来越深的睡眠之中。"

越来越多的个体变得过分清醒，与之相对地……

现在，这个情况已成往事。相反地，我们现在要面对的是大步前进着的群体智识，同时伴随着个体自我反思的崩溃——从施莱格尔到卡内蒂，德语文学里一个特殊的领域。我们经历充满警觉的、细腻的主观主义的尾声，我们也经历自我帝国的瓦解，它如其他所有帝国一样曾经拥有自己的时代……对我们来说这意味着：高度聚精会神地沉没。

上帝把他的诅咒直接写在了伏尔泰的脸上。据利奥波德·齐格勒①所言，这是约瑟夫·德·迈斯特②的句子。

一个人永远不可能像他所认为的丑陋的大多数一样丑陋。

----

① Leopold Ziegler（1881～1958），德国哲学家。
② Joseph de Maistre（1753～1821），萨伏伊的哲学家、作家、律师与外交官。

傻瓜之光

"我当时在寻找一种可以描述人类本性的表达，我有兴趣对此进行书写。我也坚信，人们会同意我的观点。现在，我在琉善①那里找到了这个表达：Παρανεκροι（一个死了的人，像我一样）。我也有兴趣，为这个像我一样死了的人出版一些文字。"（克尔凯郭尔，《日记》）

对灌木丛十分傲慢的玫瑰被污点击中。它是一个由来已久的恶习。长时间形成的恶习语言，灵活地畸形生长的语言，它配上网络后就足以说距离而非距离②；要喝的咖啡，也最好是黑色的（black）。不值得再说什么讽刺笑话了。因为语言本身已经没有什么要对这个世界说的了。

过度的清醒也许是唯一的罪行，是沟通的才华成就了这些罪行。激情要动用其库存，它必须明显地比使用者更老。由于缺乏被存档的冲动，再也没有什么能够打动这位很酷的游戏者或是给他惊喜，但尽管如此，他还

---

① 此处应指 Lukian von Samosata（120~180），罗马帝国时代以希腊语进行写作的讽刺作家。出生于叙利亚的萨摩萨塔。

② 此处两个词语表示距离，第一个为英文 distance，第二个为德语 Entfernung。

坐拥了所有关于道德的本质是什么，或者应当是什么的信息。

他伟大的图画寻找行动是宗教的，而非后宗教的，就像艺术家比尔·维奥拉①用尴尬的行话说的一样。有关清醒的教条规定，要把的确由内而外散发出美的东西视作纯粹的装饰；或者将其视作在宗教之后的，当它的圣像狂热让人无法质疑它就是属于宗教的，即属于那持续和永恒的事物之时。如果那种归属关系向清醒的艺术爱好者要求越来越多的尊重，交际的套话将变得越来越做作。

所有今日说话轻率以及不愿省下些说辞的人，他们都应当在人生中至少一次坠入被排挤的状态之中。由那些调子不同、并未迫害任何人的狂热政权排挤、放逐、开除教籍、赶出网外——应当让他们被毫无归属感掌控一次。

圣德奥梵②，单看这名字他就已经是一个令上帝散发光芒的人了。相似地，只要语言如流言般乱窜，它就

---

① Bill Viola（1951~），美国影像艺术家。
② Theophan der Rekluse，名字意为神的显现。

会让神话发光显现，不像那冷却的语言。随着与语言火山层的距离越来越远，灼热与光亮也会开始消失。总之，这种语言厌恶在泡泡浴中出生的事物，并且被认为是一种适合白痴的语言，直接之物在其中准备着一场爆发。

大步跨越的姿势——向高处伸出的胳膊，张开手掌在空气中寻找着支撑，就好像在公交车上寻找拉手。人与语言伸长了手够东西——不可以与他们的索求混为一谈。

不是为了很高的声音，而是为了每一次，声音可以越来越高，让在极远处被切开了的耳朵几乎不能听清它。这在守护着尚可之物的人看来，尤其应受谴责。

在 4~5 世纪，苦行主义不再仅仅是一种礼拜仪式，它也被对生命隆重、热烈的否定和"想要灭绝的意志"（雅各布·布克哈特）所填满。因为人们对于延续罪行累累的人类种族已经没有什么兴趣了。就像这样，苦行成了末世论的兴奋剂——让人更快地冲向终点。在人口衰减的渎神之举中，宗教的遗骨再度回到我们身边。想要灭绝的意志，沉默着、不做任何宣传，它关乎人口问题、没有任何超验，但就效果而言，它确实和"更快冲向终点"是一样的！

哦！那些描绘了这个多彩世界的人。作为优惠，他们将在上面再得到一个世界！

加拿大的叙事诗，一个恢宏篇章，一本百年跨度的长篇小说，它其实不过是将一些流传已久的作品重新混合拼凑［今天这叫作：重新合成（Remix）］。人物、惯用语、句子，所有的部分都是人们所熟悉的，最后唯一重要的只是引用［今天这叫作：取样（Sampling）］！

就像电视剧一样，不断地制造新的"重要人物"就已经够了。它们所包含的内容，对所有人来说都毫不陌生。这就是所谓的混搭原则，它接替了对原创性的不断追问。我们已经了解一切，我们把一切混合成新的东西。

与此相对的是德语文学的舒适性，愈发适应社会的主题，微妙的触碰，眼神的神秘暗示……在克洛普斯托克①和胡赫尔②之间。或者是像那个霍夫曼斯塔尔笔下"胆怯的"人，也就是温柔且过虑的不合时宜者，同时

---

① Klopstock（1724～1803），德国作家。感伤主义文学重要代表人物。

② 原文应指 Peter Huchel（1903～1981），德国诗人、编辑。

是道德喜悦感的主体与客体……思考与感受的愉悦，总是伴随着夜晚（sera）、夜晚（Abend）、告别，还有小夜曲。现在，人们根本不能想象或只是期望有演员或是导演能适合这个艺术品，这已经足够苦涩。这难道不就是我们所拥有的那种最精美的、"不安的"、不可能的爱情剧本？人们在阅读时会突然屏息，他们此时正在其神秘的舞台角落上演某些文章段落——人们也确实明白，应当永远打消悄悄观看这场舞台剧的念头。风格和魅力已经永远地消失了。即使再仔细地运用修复的技术，也无法重塑它们。此外，剧院也无法担起管理者的责任——尽管就像今天各地把博物馆搬上舞台那样，剧院可以向博物馆学些东西。与这种愉悦相对立的常常不是悔恨的情绪，而是拙劣的模仿和玩世不恭的笑话。霍夫曼斯塔尔笔下抵抗意志的主人公坚定地相信：张开嘴巴就意味着制造混乱。现在，混乱就这样降临到世界上了！胆怯者穿着可笑的燕尾服，平庸地登场了。但是他应该穿什么才适合其优雅且略弓的身形？什么穿衣风格与他那无人感受的魅力最配？正如其存在和维持的方式，这个世界是"动荡不安的"，就像"胆怯者"在震惊时常说的一样。

博尔夏特、霍夫曼斯塔尔和格奥尔格三人要恢复原状的广泛攻势是如此炫目——充满力量！加速恢复艺术的苦行、制造形式的混乱，同时避免成为一名过时者，实现这些需要对当代历史进行增压。根据霍夫曼斯塔尔对《胆怯的人》所做的笔记，海伦在结尾处应该会如是说："在这儿，我们所有人一起就是一个世界，一个不再存在的世界。我们在一个幻影之中活动——我们做着同样的事情，好像我们还活着一样——幻影本身透露出浪漫忧郁的色彩。一切都像是已经过去了，灯光也仿佛已经熄灭。"

与旧有的生理现实相比，我们当下的活动不是一样尴尬和落后吗？在根本性的转变即将来临之前，我们再次被一种欲望攥住：去成为一个不可战胜的失败者！失去了一些东西的并不是我们，而是那些对我们大吹胜利号角的人，那些失去了一切的人。

即使我们在某处看到《奥赛罗》，我们首先会发现的是，就今日的舞台思想看来，这样一部伟大的作品已经是不可理解的了。这部作品是折磨人的，它好比一次对欲望的审查，不停四处追踪着。它可能随时给人带来震撼，因为这就是书写它的目的。然而，它甚至不再给

傻瓜之光

人带来瘙痒之感。

相似的状况：观赏《李尔王》。世界各地的观众们都在排队等着购买便宜货。人们所追求的东西必须是廉价的，对艺术品所开的玩笑也一样。

在此期间，"赛图恩"①与"苹果商店"（Apple store）成了举行真正的朝圣和庆典的场所。它们是在夜间被包围的堡垒，炒作的蝗虫降落于此；它们是黑色的云朵，一旦有产品更新或是促销活动的消息，就会被一扫而空。

当"胆怯的人"再也无法在舞台上找到位置，那么人们就只能在自己面前轻声表演伯爵布尔和他的告别；人们必须决定如何设计他的辞别，去除所有细微之处的贵族标志；在德语漫长的感伤王朝结束之际，人们必须放弃一些东西。那细微之处本身属于情感的传说世界。

心脏于何处跳动，哪里是人们可以进行自我表达的场所，什么为人们打开视野——一切为个体赋予了地位的标志、自我意识形成过程中的所有标识、那些授予或

---

① Saturn，意为土星，德国大型连锁电器商店。

是借给他的东西，都会被他感激地原样归还。多亏了它们，一个人能够说的他都说了。只有独立自主者，只有放弃的人能够归还他的标志和标签。

但每一代都有那样一个真实的时间段，它属于剩余者，也属于作为诗意主体而存在的剩余状态。

短暂性的发电站。消逝、不再、永远不再，不仅是迟到的个体在收集它们——所有世代、文化、风格都曾有告别的天赋。曾经，想与持续了数百年的事物告别是绝对不被允许的。没有哪一个新时代的来临伴随着如此多的革新。只有一些工具保存了下来，它们无人问津，成了过时的无用杂物。现代性并没有离开我们。在不断更新的当下艰难维生的人们，他们无法再去美化过往。在因特网出现之前，即大约在 1970 年，一切事物都在前往因特网的道路上。那时，我们的脑子里只有好奇心、伸出触角、对回忆的免疫，以及不断向前、向前。

数字技术的强项是存储器、云和持续的存在（彻底的存在）。它们也重新调整了个人的记忆空间。我们已经愈发体会到，记忆是一种同时性的媒介。过去某个时刻发生的事情并未真的过去，它可以随时被调用，是一个同时共存的部分。对于从不与时代诀别的人来说，他在个人生活中对于消逝与不再的理解，远不如从前充满希望与反叛精神的世代那样强烈。

普鲁斯特为辞职的作家贝戈特①在笔记中勾勒了一幅肖像画。它为新一代的年轻人毫无遮掩地展示了这位作家。年轻人为自己找到了人群，并且开始学习蔑视这位为优雅、精致的社会编写历史的人。

换句话说，之前的王朝曾拥有深刻的反思和敏感的情绪，在扩展的艺术概念将它牺牲了之前。那些概念的抱负从不在于令自身更为精致，而只在于能够无限地扩大其影响力。

对于贝戈特而言，他总是可以不断地从画作《台夫特风景》②中发现新的东西，甚至是在觉得奇怪的时候。那是一种狂热，它会令观察不断升级，直至令人产生幻觉。

普鲁斯特的读者有一个自然地传承至今的牢固的传统。他们中的每一个人都将贝戈特章节及其死亡视作小

---

① Bergotte，法国作家普鲁斯特小说作品《追忆似水年华》中的人物。

② Ansicht von Delft，荷兰画家 Jan Vermeer 在 1660～1661 年创作的风景油画。普鲁斯特曾在《追忆似水年华》中专门提及它。

说的高潮。即使是最新加入的，也许还未过时的网络依赖者也能够理解，并且带着缅怀理解那动人的场景。因为在维米尔（Vermeer）的画作面前，伟大的作者会意识到其文字的苍白单调，并最终彻底崩溃。现在，在任意一个在线图书阅读网站上，无数人可以免费阅读这一章节。人们往往是不带目的地，或只是偶然地发现了它。然而在从前，只有一眼能望到头的少数内行才了解，如何能阅读到这些文字，因为他们是普鲁斯特的读者。如今，许多人在一个森林中迷了路，那里有的是无数的指路牌以及他们不曾想寻找的链接。自但丁以来，在每一个森林之中，包括在数据的森林之中，迷路始终是许多创造性的发现方法里，最经得起考验的那一个。

你所能做的最好的事情：去体会艺术作品漫长的变迁，活得仿佛它们就在你的心中上下翻腾、前行时也在远离。再一次，重新衡量它们的高度；再一次，细心寻觅那些被隐藏的、被导出的和相似的东西。幸运的是，还有一些德国的平地徒步。那是通往母亲的道路。孤单的登山先锋——很快地，他在心的山峰上停了下来……

象征之物的斗室在最小的空间里囊括了无尽之物，与此同时，消息和交流却为了容纳自身，需要整个世界的空间。

如果弗洛伊德算是最后一个重振德国象征传统的人，那么人们在他之后只能以最为精确的微量元素来定义后代。转变？人们也许更需要遵守一个喷雾器理论。

104　　人们试图让我相信：帕西法尔、特里斯坦、兰斯洛特①——这些英雄和作品触动的只是异性恋的风俗，但其后隐藏了同性恋的激情，从头到尾。不存在正常的性状态——在世界文学的爱情故事之中，性别学说试图篡位成为最重要的阐释。但这也是多余的，就像此前的马克思主义、弗洛伊德主义和解构主义一样，理论总是在很短的时间内就会过时。20 世纪，理论几乎是成打地出现。对此，那些艺术作品只是摇了摇头。

根据字面意思，反动者就是在其他人仍保持沉默和顺从之时，做出反应的那个人。他其实只是做出了特别的反应。当政治说客以爱之名行动，当与众不同者创造性的仪式和边缘者的名誉一起牺牲，献身于牟取利益的社会政策，他也质疑，这一切是否真的关乎所谓的道德

① 此处提到的三个人物 Parsifal，Tristan，Lancelot 均为亚瑟王传说中的圆桌骑士团成员。

进步。他充满怀疑地盯着自由化和均等化进程的自身动力，尽管普通大众完全没有要求过要实现这二者，但是它们自己需要，也一直在寻找对二者的新的应用。当宽容在大多数人真正的地下领域愈发受到威胁之时——与人们在统计数据和调查问卷中那虚伪的表态不同，看起来，似乎出于预感或甚至是驱邪的原因，国家会更加迫切地鼓吹要求宽容。

流行哲学家（Modephilosophen）的冒险之旅很棒，他按照熟悉的样板，沿着蜿蜒的小路向下走了好一会儿，到世界之母那里去——他说：到"我们文化记忆的驱动者"那里去。这是个毫不贴切的比喻。驱动是平面的程序，它只能控制平面的进程。世界之母也不是什么铅版。她们是象征性现象那不可辨认的、多能性的长期职工。她们保护着深奥的知识，那些知识短暂地勾勒出一些模糊的图形，然后又将其迅速撤回，就好像从浅薄的黑暗之中投射出更为厚实的阴影。

每一个有用的念头都是刺猬，它在你精神急速转向的目的地等着你……为了老天！无论如何，它将是一个廉价骗局的结果，这个骗局还有赖于第二个人的同谋。离开譬喻吧！你想要说的是：在你只是接近要理解那个念头之前，或是当你刚有了那个念头的时候，坚定的念头已经确立。它在最终确认时闪耀着诱人的光芒，你被诱惑着，在那种提前的存在之中去思考它。这并不是柏拉图式的，这其实是一种认知技术。因为在这个领域里，下结论等同于一种声名狼藉的先验论，它源自那四处搜寻着的头脑，也许是升华后的危险本能带来的结果。

在短篇小说《隐居》（*Reklusa*）中，康拉德·怀斯①谈到了"被赐予我们的事物之临近"。不是漫游者在向目的地走去，而是目的地在朝他迎面走来。在认知的每一毫秒里发生的都是如此：一切都正在靠近。通过被神经元活动塑造成现在的形状，每一个当下都正在抵达，它们将会抵达。每一个念头都正在临近——被神经元突触的兴奋雷雨所包围着，即便是最为琐碎和重复的念头也会就此产生。没有什么在这儿，一切事物都在持续抵达。

比沉默的读者数量更少的是某个人群。当那群人看到，自然风景是如何在和平年代被蹂躏的，那种蹂躏是

---

① Konrad Weiss（1880～1940），德国作家。

如此卑鄙和高傲，如此迅速地传播，无节制地疯长，将
视野封锁，比大火、伐木开垦和工业化加起来还肆无忌
惮……他们会因剧烈疼痛而蜷缩起身子。幸运的是，地
狱对于新型的永恒忏悔者有着更为开放的态度，并且为
其备好了新的折磨方式：人们会看到，利用风能做些道
德或是不道德生意的、破坏了自然风景灵魂的人，他们
每一个都被捆在风车的叶片上，来自地狱的狂风吹得他
们不断旋转，直至末日审判。

9

我向一个孩子解释那难以理解的幼稚——变得成熟。我强化了一个不理解者的不理解。他向上伸出手指，将一朵云彩推到了自己头上。

小家伙，如果你能够移动云彩，为什么你还要数老鼠？

有疗效的荒废（佩吉①）

我已经荒废了看透事物的能力。我遗忘了一切曾改变我想法的东西。

我们必须把所知道的内容在下一次呼吸之前重新转化为无知。就好像要把氧气转化成二氧化碳，这样植物和梦境才能存活。

（我是一个理解的机器，我生产新鲜的、未加利用

---

① 此处应指 Charles Péguy（1873～1914），法国作家。

的不理解。）

"教育一个愚人，就像在黏合一个破罐子，或是在唤醒酣睡的人。

和一个愚人交谈，就好像是在和一个睡着的人聊天，在你的解释结束之后，他会问：你说了什么?"（《便西拉智训》，第22章第7~8节）

当一切生命结束之时，他会问：之前发生了什么?

这是一个由白痴讲述的故事，其中充满了声响、狂怒，还有对无物的预示。

《女巫》［*Die Sybille*，佩尔·拉格奎斯特（Pär Lagerkvist）的小说］与上帝一起创造了一个弱智的小孩。在色情的螺旋星云上，上帝的宽容带来了人类白痴。两性之爱不解宽容为何物。然而，上帝的轻抚会释放出太多的这种爱。

在今日赤裸的读物中，"查拉图斯特拉"（Zarathustra）的骇人之处在于：尚武凶狠的思想，肌肉线条尽显的意志，缺乏练习拳击的对手，几乎是一副好战扭曲的嘴脸。现在，能与之相提并论的应该就是那种想要存续纯粹精神的意志。超人，他会成为什么? 一个有技术血气的怪物。一个杂交体，介于有生命的物与物化了的人之间。

（血气①：思想、心、勇气、感知力、激情、生命气息、灵魂。如果人们能够要求那些花言巧语的病人，让他们把说话时常用的"政治"、"政治的"替换成"血气"，那么一切会变得更好，一切将焕然一新。也就是说，用社会血气代替社会政治，使用如能量血气、日托托儿所血气等词语，此外，我认为还可以使用形容词"宗教教会血气的"。考虑到文字和写作，人们还将不得不开始呼吁一种语法血气……）

最好的健身者，身体上达到了完美境界的人，他们有丰满的肌肉和被自我撑满的青筋，在他们之中……有个怪物一边迷着路一边因疼痛而嘶吼着。它没有皮肤、不被注意，是魔怪，被疏散，流浪在外，畸形的孤儿，像埃阿斯②一样在恐怖的荒野中咆哮着。最大的幻觉——幻觉，错误的光！——其实是抱有希望，期盼它有一天能再套上一个头盖骨。

现在，要由内而外地改造一个人，比改变一个橱窗

---

① Thymos，古希腊概念，也可翻译为怒气、生气、生命力。
② Aias（Ajax），希腊神话人物，曾参与特洛伊战争。

的装潢可容易多了。

在自由选择外部的结构时，我们得到了所缺乏的东西。不只有外骨骼能从外部支撑和加强我们逐渐萎缩的躯体的运动，不完美的心情也有紧身胸衣的支持。我们所建造的，将暂时取代我们。身体和灵魂的复归可以说是一个程序和一场危机，它缺乏了有生命力的基础和渴求。

模块化的或者说组合的人，不再能区分感觉与对感觉的模仿。除了自负的病患，现在又增添了自负的热恋者、自负的愤怒者、自负的善良者和自负的正义者，等等。他们其实并不是这些，他们只是自以为是。

人们看到一些面孔，它们开始摆出茫然失措的样子，想要假扮出一种它们所没有的、属于人的震惊。那些假装相信的人，他们只是在空洞的丰盛之中将宗教仪式像舞台布景一样推了出来。那丰盛之中有一切——金钱、品味、毒品、感官、欲望和管理。

也许在将来那轻如羽毛的组合世界里，事物会调节自身的秩序。肉体的人将仍作为虚弱的标志出现。而性别的特征……烟雾（Schwalch）是阴性的，洪流（Schwall）是阳性的。

傻瓜之光

最后的人类将会从不见天日的废物中被回收。在他们的眼睛上灌木丛过度生长着，眼睛先被解放，然后被重新抓住：纳米规格的小镶板代替了赤裸的观看，就如同想象中的眼睛。最后的人类都身材矮小，因为他们自身以及他们周遭的所有事物都已缩小，并且会继续变得越来越小。

在一个被遗弃的市场里做生意——它曾是最有贸易影响力的市场。过去与现在的转运中心。然而，如果不是只能靠想象存在的空间中最为开放的那一个，什么才是世界的内部空间？尽管它被遗弃了，但想要被囚禁于其中仍是不可能的。取而代之的是一种对于已失去的岗位之守护。被遗忘的守护者永远不可能换岗。他们会一直待在那荒无人烟、漫无边际的空间之中。

你站在业已坍塌的大楼升起的烟雾之中，废墟的芬芳依然令你沉醉。你并没有随着它一起摔倒在地。很遗憾。像布莱克画笔下的尼布甲尼撒（Blakes Nebuchadnezzar）一样，你沿着弹坑的边缘匍匐前行着，那是大楼倒塌在地面撕裂的口子。你呼唤着这充满魔力的城市。你不知疲倦地绕着锐利的边缘走着，眼里再看不见其他。因为你只是死死地盯着深谷，那儿升腾起的水汽和烟雾令人晕眩。

世界的毁灭始于一个睡美人的卷发。这个波浪般的人物顺应自然，在越来越大的螺旋中活动着。最终，洪水的旋涡从那小小的卷发中诞生了，它也将地球淹没。

[此处请参见达·芬奇：《论鸟的飞行》（*Der Vögel Flug*）及《论水》（*Das Wasserbuch*）] 展翅高飞的鸢之盘旋、洪水的旋涡、充满褶皱的裙子、血液在心脏中的流动。大洪水的幻觉、世界毁灭的描述，它们都在不断扩张着的螺旋里，从一个发卷最终变为宏伟的大洋波浪。这是形状的暴动所带来的末日预言。"只有他不知道，鸟类的骨头里灌满了空气。"

17世纪的中国艺术家龚贤，他像所有其他同时代的中国画家一样，他认为自己属于过去的时代。同时他承认，他研究了11世纪书画家米芾的作品长达四十年之久。

真正的持不同政见者。他们藏身于孤独之中，缅怀着已经覆灭的明朝。

我们可能会说：真正迷路又孤独的艺术家，在民主失败之后，他们会在仇视图像的政权统治下失去公共的工作空间，转身隐退到私人生活之中。

傻瓜之光

他们居住在城市的边缘，在那些几乎只能称得上茅舍的狭小房子里。他们料理花园，他们作画。那些画儿能让人想起民主时代欢乐的日子。

朱耷曾经在他的门上写了汉字"哑"，这意味着沉默不语。从此，他再也不说一句话。当然，他依然大笑、大叫、比手势、喝酒。当他想要写字的时候，他就会露出胳膊并一把握住毛笔，同时像白痴一样大喊大叫。

还需要对什么说"我"？只是为了假装不可理解？

人们会渐渐习惯，并不是主体感觉到了什么，而是组装部分达成了共识，令一些东西成了普遍的体验。主体本身依旧毫无热情。

事件、发展过程、现状，关于这些领域人们没有自己的语言。人们只有一门语言，它与其他上千门语言同步振动，借此它可以迅速越过最碍事的情况。这些领域不断增多，它们用一个白痴取代了原本的白痴，用一个代表着利益的白痴，一个没有个人意志、被公共意见操纵的提线木偶。哦！这是怎样的去一致性呀！说话者——肯定因为他只是在学舌——常常无法在镜子中认出自己。

沉默的辩才（昆提利安①）。这实际指的并非善于辞令的沉默，而是一种雄辩，它在沉默者身上仍能继续保持活跃。沉默者不可避免地被雄辩的能力所强迫，即使在无声的隐居之中也要考虑"站到公众面前"。

生活被墙围在生活之内（伊夫·博纳富瓦②）。在生活的围墙里，过一种被墙包围着的生活。

有时，因为缺乏更深刻的怪诞，人们想要穿墙而过的雄心壮志会再度被激起。这志向比石头更加坚硬，它封得严实、为空气所胀满。人们用僵直的舌头为这堵墙填缝、黏合、润滑。它向每一个经过的人轻声耳语，告诉路人应当说些什么，路人的话语也总是与这堵墙相适应。但是在背后，就在这堵墙背后，朝阳正从仙境与艺术的出土现场升起。全世界的市民阶级也同样需要一种无可辩驳的言论，一种并非由他们的基本特点混合而成的言论。

针对图像的炫耀，只有在减弱自身语义学的道德说教后，人们写就的句子才可以宣称：应在事实上更多，

① Quintilian（35～100），罗马帝国雄辩家、修辞学家。
② Yves Bonnefoy（1923～2016），法国诗人、散文家。

而非看起来更多（Mehr zu sein als zu scheinen）。

贞洁的句子和实际语意的一夫多妻。

每一个使命都有其自觉。一个最为顽固且至今仍吸引着许多人的思想体系是：为了所有人的文化。它迅速地在装饰、市场以及随意性方面扩散开来。学校课程现在已经不再教授名著，而是教授其用途。然而所有有关社会的事物，都远不能与那些名著相提并论。

孩子们将在学校里被这些学习材料所摧毁。因为无人知晓，针对孩子的教育应当从何而起，又当走向何方。他们成了一种虚无和无法塑造人的知识的受害者。他们受到了来自知识的轮番击打，其毁灭性比耳光更甚。

过去几十年间出现的大部分社会批评，都不过是些破烂。那是第二次青年德意志运动。第一次青年德意志运动不能切断其与浪漫主义的联系，最终瓦解于新闻业之中。与此相似，如今第二次运动也最终蒸发，消失于充斥着推特模仿者批评的太空里。在观察被征服的知识时，只有对表面的触碰令人兴奋：就好比一只燕子，它轻拂海面、畅饮海水，但并不在此安家定居。如果我们现在主要是与表面之物打交道，那么为了能够再度起飞，我们应当在触碰它们时总是举止轻柔。或者，用一个不恰当的比喻：蝴蝶的前足点击鼠标触碰了世界，这将在彼岸引发一场沙漠风暴。

没有人可以既是导游又是景观。

你可以看到一幅图，那是正滔滔不绝的导游已石化了一半的颌颚，这个石化过程依旧持续着。一个刚刚还指着名贵大理石的人，正在逐渐变成大理石。在西欧没落之后，人们曾经可以为卓越的社会遗迹而惊叹。

作为个体和整体的虚构之物，"网络"内在地蕴含了一个巨大且邪恶的无序状态。它也许会将整个世界也推入这样一个混乱之中。一种仿佛是由混乱制造者一手造就的恶魔行径。在此，整体彻底地翻了个个儿；一个伪－一切（Pseudo-Alles），人们无法再于其中区分任何事物：真与假，事实与虚构，今天、昨天与明天。这就好比是博尔赫斯的作品被续写了。这由那数百万啃烂了字母表的小鬼们所完成，他们（暂时地）遍布于博客或是推特之中。但那又怎么了！这儿再也没有任何反对的意见。只有白痴在咒骂着，他因那互相角逐着的迷惘而痛苦地呼喊着。从幽深的洞穴里出来吧！去和一切建立联系！

傻瓜之光

迄今为止，对世界的乐观主义认识贡献了几乎为零的思想家和寥寥无几的诗人。他们中的大部分都是由悲观主义带来的。然而，最伟大的构思是超然于二者而产生的。

生活在譬喻之中。成为阐释的蚂蚁。

在"欧洲人自我诠释"（格哈德·内贝尔[①]）的历史中，欧洲人完成了自我诠释。基因的语言、操作系统的语言、金钱的语言、高级时装设计师的语言，它们仅仅与物品及信息互相理解。隔离了自我诠释的沉默者的语言，它们无法阐释任何东西。

这样的沉默者，也许是个完全被抽空了的人，他与技术生命的造物相遇了。那造物的存在要归功于人类的自我表达，或是放弃神性[②]的行为。人造人在被接受后充满了生气，对他来说，是虚弱者被注入了新的精神。亲吻自己时迸发出的爆裂声将他唤醒，进入新的生活。

放弃神性、变空、摆脱，人类之子——耶稣通过这些放弃了神的全能，接受了仆人的角色。现在，机器之

---

① Gerhard Nebel（1903~1974），德国作家、保守主义的文化批评家。
② 指耶稣放弃神性、降生为人，最后受难而死的行为。

子——人类开始模仿他放弃神性：他们放弃了人性，前往物的世界。也许是为了将物品从其物的属性之中解救出来？人类去到有木头、珍珠项链以及一切与硅相关的东西那儿。但是，人类无法从这些物品中找到人性带回家去。"我主耶稣本来富足，为了你们的恩典、你们的物，成了贫穷。"《哥林多后书》第 8 章第 9 条如是说。

我们将不再愿意认识，一个人过去未能认识到的事物。更有可能发生的是，我们将会——发展为自己的变种——努力地尝试从远处去调查，一个人曾经认识到了什么。 119

在一个不再属于机器时代的帝国里，人们回避机器、同化机器这些词语。然而，是因此人们才开始使用万能词"系统"和操作系统吗？这样做，我们就会远离使用生动比喻的地方。机器仍然允许譬喻的存在，但在系统中它们只能灭绝。

如果人们能把已发生的事情还原成预示其来临的征兆……

早已产生的东西也许能再一次看到自身的显现，在烟雾的形象里，在窗边杂乱的霜花里，在不合时宜的诗行里……

　　只有需要在西方世界的屁股上狠踩一脚时，宗教狂热才是好的。它本身是完全不能被人接受的。它的对手自由主义如是说：它只能通过编造关于人类尘世幸福的假故事，来为自己辩护。当贪欲在它心中蠢蠢欲动时，它绝不谈论贪欲；当仇恨在它心中蠢蠢欲动时，它绝不谈论仇恨。

　　一个人，如果终其一生只见过和平的面孔，只参与过和平的行动，只在和平的房间里坐过，那么即使整座房子经常令他感觉心情沉重，他都是一名和平主义者，无论他想或是不想。

　　仅指向一物的意义从不试探他。那意义大概与恐怖的意义相似，对于并未公开声明自己和平主义信仰的人来说，它不论在任何情况下都只能激起他的反感。但有可能，他也只是属于表达世界里最后的那一批多元主义者。因为无论以何种方式，恐怖或是和平，总会有源源不断的面孔消失于一个面具之后，它属于那仅指向一物的意义。

　　一个作家认为，他已经完成了"关于时代坍塌的笔记"。那可是了不得的东西啊！要是真的存在一种时代的半衰期，那么有一天，它的辐射会像放射性物质一样衰落，它也终将坍塌成为无害的材料。

牛头人身的弥诺陶洛斯是智识（帕西菲①）欲望的产物：她与不受控制的暴力（尚未被献祭的公牛）交配。最大的野兽因此而诞生。技工达代罗斯建造了网络（或者说迷宫），他是那个广袤迷宫的建筑师。这个建筑没有被摧毁，它比神话和历史更为长寿。如果一个新的特修斯②出现并战胜那个野兽的精神，迷宫将继续保持其长寿。

然而，异教古代的覆灭的确存在过！它实实在在地发生了！伟大的神潘（Pan）死了——这呼喊声曾回荡在爱琴海的岛屿上。

然而，直到后继者出现，见证了结尾的沉默者才发出了那呼声。时代的转折并未让同时代者也转向——因为他们的意识，如同我们对当代的理解一样，仿佛受到了魔法的阻碍。一直以来，他们总是为一些预兆和转向标识所戏弄。他们无法注意到，时代的转折已在此期间悄然而至。

---

① Pasiphäa，希腊神话人物，克里特岛国王麦诺斯（Minos）的妻子，为白公牛奸污生下 Minotaurus。
② Theseus，希腊神话人物，杀死了牛头人身的怪物弥诺陶洛斯。

相比于每天只把人的尊严挂在嘴边，遵守对人类不太虔诚的原则——比如服从基督教——肯定更能提高人的尊严。人们不应忘记，为了影响步步紧逼的下一个事物，他们必须总是全身心投入地去谈论其他事物。如果讨论时总是仅仅提及事物的名字，事物将保持不变。

某人告诉你一些事情，你再传话给其他人。这样的语言是唯一的加密语言。同谋者和那些人会马上得到这消息。但是除了知道有条消息，他们再不了解其他。多亏了加密他们才知道了唯一的那件事，就是他们在同一床被子之下。

人们目之所及，只有一个人没有抱团。然而毫无疑问地，他在内心深处是与对手共同成长的。那是他从外部吸引进去的敌人。一致赞成与一致反对，古老的回环……这对正相反的事物正在寻找着一只脚（πούς）。

逐渐减弱的光线倒转回来。那个小孩，他的脸庞在4~10岁时是那么耀眼！然后，他长大了。他的眼睛虽然依旧大张着，但已然因知识而变得僵硬和有些疲倦。多次与知识相遇后，他的目光持续流露出压抑的情绪。

只有当人们意识到：他们在学习和与人群的长期交往之中其实什么都没有学到，这时那种探寻的光芒才能再度出现在眼睛里。

反复提出问题却无法切中要点的，不只是年轻的白痴，还有总是惊讶的老人。他的不理解源于一种怀疑和一种吃惊。人们太过迅速并太过顺利理解的一切东西都令他怀疑，同时他也愈发惊讶，人们对于相同的东西可以有完全不同的理解。需要过很久，一个人才会从不断加深的猜疑之中有所醒悟。

世界主要关心什么？关心无数技巧精湛的行动，但是这些行动在巨大的无能者旁一无所获。

对于周围一切能够轻易得手的东西，手都不再有兴趣了。它渴望感受的是一次紧握，来自另一只陌生之手的温暖。它寻找着一次有力的撞击或是一个契约。它近乎失控且贪婪地坚持着自己的道路。手就这么在人群中漫游着，同时它也出现在能够迅速扼住它主人喉咙的地方。

当我在城市穿行的时候，我只想按照我心目中路人该有的样子，为迎面而来的路人改造形象。我想象着，在我的目光里有一个纳米芯片，一个变形的部分，它为我将旁人勾勒得与其本身不再相似。植入这种塑造真实人类的芯片，将在世界上创造出大量的愤怒、憎恶以及自发的歧视。有着艺术自觉的调节器用少量的特征和轮廓，为每个路人尽可能完美的登场做着补充工作。

一位善良的女士在她迷惘的那些年坚持着一种直接的独立性，这可谓不同寻常。因为她不再追寻任何人，也没有任何人能够跟得上她的步伐。当时，一股由回忆和恐怖的想象所卷起的气流突然中断了一场对话，那是一场一般是兴高采烈地开始的对话。她突然大声呼喊：俄国人来了！

这在当时未曾引发个人的、下落不明的恐惧。而且，那是她母亲在六十年前曾大声疾呼的话语。

同时，也许可以把那声呼喊理解成一种比喻，一种关于曾攻击她回忆的乌合之众的比喻。

在无关联的转喻与没有启发的关键词中，这位时代的同行者结束了她的一生。孤立状态完全没有摧毁她。作为唯一了解自己神秘言论的人，她不仅在其他人面前把腰板挺得更为笔直，同时还观看着其他人的困惑和猜疑。

10

智者无须多言（INELLIGENTI PAUCA）。对聪明的人来说，一个碎片就够了。这个男人忍受着冒失的毛病以及一种涡轮机 - 理解力问题。在听到第一个音节时，他就会从别人嘴里抢先把那个词说出来。他快速的领悟力用快进快退的功能，装饰了他人的节目（他的"表演才能"）。这个功能在不到一秒的时间内就导出结果，并闪电般迅速地展现了他在最好情况下能够说的与做的。他并不阅读，他只是草草地浏览。他一直需要与总数做斗争。他第一眼就能推断出那个数量，但为了能向他人再致以礼貌的耐心，它也必须刻意地阻拦他认知水平的发展。

他属于一个群体，这个群体的人从不曾因他人的目光而迷失自我。他们没有任何灵敏嗅觉，他们有的只是处理数据的能力和一张滔滔不绝、迫不及待的嘴。

傻瓜之光

有句俗话在这儿很合适：不要相信任何仔细听你说话的人！他只是在想着他自己！

社会人最为轻率的举动就是下判断。不断地评判他人，是他们最应受到批评的特点。为什么没有人对自己说，在我下了一个评判的时候，我就委屈了一个人、一个东西、一件艺术品——难道只是因为，我是那个下判断的人？下判断只需要一个小小的扭曲、一个东西、一个人以及我个人的好恶——这个判断是纯粹的废话，完全站不住脚。我的好恶不应赋予我评判事物的权利。对不少人来说，他们的个人档案就完全是由无耻且自负的判断所构成的。

为什么在一个坚定的人面前，人们的讲话会变得更为急促？因为每一次，在反对意见出现之前，他的嘴唇就已经开始抽动。老练的小家子气最喜欢通过批评来出风头。即使是最笨的人也知道，持反对意见能够给人带来不少光彩。被教授批评的烂学校强迫着，他会迅速地说出反对的话而非一个答案。这种成熟的标志在怀疑时体现为一个一，在赞同时体现为一个六。在补充和建立连接时，害羞、不足、静止；在有反对意见时，笃定、确信。

我们已经上过许多教授批评的学校，但还没有上过夜的学校。

在那里我们最应该学习的其实是：我们知识的影响范围是不透明的，它是充满微粒的一阵尘土，其中交织着密密的关系网以及各种相互勾连。我们应该学习：我们自己不过是些晃悠着的舞者，跟随着远方乐队的音乐节奏；我们是这光影交错下感到迷惑的人……我们还应该学习到：在长期巨大的时代空白之下，颠覆者的减速意味着一种没落。在那空白之中，可见之物化作一幅幅图像，极为零散地飘下，伴随着皮肤上的眼状斑点，那些眼状斑点吓退过曾存在的猛禽……密封的标记下隐藏着联系紧密的互相勾结。精神的大片毛絮仿佛云朵一般，轻柔地、碎裂着纷纷落下。

"精神厌恶抱团，它不爱结党。与其他精神保持一 129 致会令它感觉受到了伤害。对它而言，不与其他精神保持一致，就仿佛是赢得了什么似的。"（瓦雷里，《精神的政治）

"只要人们谈论的内容是出于你，那你就不可以和我对话。"

人们因社会的象形文字（马克思）而感到惊慌失

措。它被人画在脸上，高谈阔论着。

民主的内在姿态是如此的自信与壮观，它的定型又是如此富有影响力与启发，因此，即使不费丝毫力量，它也能够将低级的团体发展成党派，让最微不足道的代表成为人物，最后让自己与其同化。借此，民主就在其优势的中心里占据了同化权威的地位。

民主现在能够做到一件事，即促进更伟大和经典的美德在其对立面被重建。顺从、荣誉、坚定、忠诚、谦恭、尊严，这些词语被认为是令人尴尬地不合时宜，被冷落在一旁。尽管在需要时或是在受到更强烈的刺激时，人们也乐于在全体大会上呼唤其中某个词语。同时，老练的同时代者没有把握，他的手艺在当下仍然适用。因为迥异的时代正在分享着当下，这个势态从四面八方朝他袭来。

至少有两种古老的主教美德有着宪法般的地位，或者是作为高于政治行为的义务原则，那就是正义与适度（均衡性、目测力、谨慎性）。与此同时，另外两种美德，即智慧与勇气，则被视作不可讨论的道德品质，是议会为了实现"历史转折"才有资格拥有的品质。

然而，正是这种自视甚高的"民主的自我认识"，它用更深刻的记忆武装自己，并倾向于将源自前民主时代的美德视作政治不正确。它是如此的徒劳，就好比人们试图在休闲活动的课堂上学会礼仪条件（condition courtoise），好比人们想通过模仿礼数周到的仪式，去融入宫廷生活的程序。但这仍然不只是一个空洞的姿态——这姿态至少还包含了一种自白，它承认了作为典范的历史并非在有了一部作为典范的宪法后才开始的。此外，在我们共同生活和私人领域中毫无典范可言的地带，作为典范的宪法几乎没有任何影响力。在这些地带，某些所谓的疗法就好比秃鹰在恶心之物上方盘旋，它津津有味地享受着腐烂的"关系"和其他相似的垃圾。其起因往往是那些明显的恶习，比如肆无忌惮、怯懦与欺骗。很少有针对它们的疗法，因为它们早已进入了被广泛实践的流氓条件、下流生活的程序。那程序控制着我们所习惯的日常生活，毫无对手。

在被赋予了灵感的人之中，工程师的排名现在远远领先于哲学家。

人们为实际之物投入了太多的语言。人们必须再从实际之物身上卸去一些语言。

讨人喜欢的技能就像是在岗亭里的第欧根尼。瘦削的他在自己的栖身之处认识到："我是个忠于自己工作的卫兵。在夜里从不离开岗位，也没有任何休息日。永远没有轮岗。我为全能的无名者站岗放哨，所有想要靠着鬼祟可疑的念头、神秘含蓄的低语去尝试接近他的举动，都不可能逃过我的眼睛。"

"当然，当然，"那个有智力的男人不耐烦地嘟囔着，"但是，这仅仅是一种对警惕性的理解……还有无数其他的理解，它们同样也值得考虑！……当然一切都是受到条件限制的……它们会为自身证明。只是为了自身！……如果所有人都这么想就好了！……"他在急切的插话中变得语无伦次，直到最后他才找到了一种冷静的论述方式："如果所有人都听从并牢记您的话，然后过和您一样的生活，您会做些什么？"

"哦！那么我会诅咒我的话语。我会咒骂我的整个生活方式。我会视它们为这个世界最大的不幸。只要记住，别照聪明话说的做！这是也将一直是我唯一的忠告。你可以喜欢上听它。你可以在一定范围内享受它。但是永远不要照它说的做。这是我能给专业的同仁最后的建议。无论如何，这是我从自己的话语中得出的结论。再进一步，我会对自己说：聪明的念头升起时就好像泥鸽飞起，它必须被击落。"

现在，那守卫已将对方的理解弄得如此混乱，就像人们对可爱小孩的额发所做的一样，以至于对方只能用激烈的摇头来自卫："您所说的不能成立。您告诉我的一切内容，都完全不能成立。您只要再等等！在您那儿，一切都会终结于无尽的柔软之中，终结于人沾满污泥的解体里。一切都会在您头脑里变得柔软、温和，真情流露一个接着一个，无尽的轻柔感受……温和，温和！您会像一大团黄油一样，融化在朝阳之中！"

紧接着那名守卫又开了口："哦，语言……那已经不同了的语言……它不能再言说。它无法说出它已经变了，它不能再言说。那么之后谁来说呢？"

11

庄严地坐着，没有人看见。不会有人看见你，那么，请你坐直。

将自己扔进壳子里是一种具有防御效果的回应，回应那正步步紧逼你而来的荒无人烟。无人看见，接受形态，交出人物。步态与体态必须一直保持灵活，就好比在敲门声响起之前，你已经在一瞬间走到门边，准备迎接来客。

手就是这样。手已经不再伸出、塑形、抓住什么或去劳作。它们只是还在四处寻找。它们完全是一种表达。仿佛它们是为了语言奋力斗争的器官。是标志，一种基础窘境的窘迫附属品。如同人们在长时间的旅行里，无数次观察它后得出的结论：它们果真如此。这是人们给第一个工具所留下的一切。它们附着在你身上。

人们如此坐着，如此毫无节制、命中注定般地坐着——躺着、蹲着、蜷缩着，这些也许更适合近地的臣民。然而，上部与下部之间的拐点是风格发展过程中的真正拐点。另一方面，每一个被坐得足够久的椅子，都在朝着王座自我提升。不再动弹的臀部与背部，它们因其耐心的久等而得到了一个巨大的王国。

一个自省者的幽灵站在门前。房门尚未为他打开之时，他就已经转身离开。"哦！多么可怕啊！"他喃喃低语道。但是，他指的大概并非开门的人，而是一种印象，他认为的他给开门人所留下的印象。他只是抢先说出了开门人要说的话，然后就这么走开了。这个幽灵是可怜的，而他变得可怕则是从一种狂热开始的：一切人们因他而感受到与要说的东西，他"为了谨慎起见"都迅速地先他们而说了。根据格言——"我知道你现在是怎么看我的……"，他现在就是一个毫无遮掩的自省者。他就这样站在门槛上，不再向前跨越一步。他因镜像意识与反馈而痛苦地缩成了一团。

因为，疯子就是这样一个人，他对给他人所留下的所有印象都要尴尬地做个自我辩解，并且还要向他人极为详尽地解释，他是如何又是为何给他们留下了如此而非那般的印象。

在基本特点方面，这个解释疯子几乎与专业的关系分析家别无二致，唯一的差别是，他试图同时将医生与病人集于一身。作为这样的一个人，他现在甚至是略带愤恨地在解释："促使我现在开口问您的，难道不是一种对我自己的冷酷无情吗？对，他看到的不正是处于可怜境况中的我吗？为什么他要这么做，仿佛他正四目相对地站在我面前？为什么他不降下眼帘，往下看看我的本质？一个人怎么能如此不敏感，还以同样的视线高度对我说话？"

"关于应该如何说话，您所说的也不完全是错的。"对方又一次语气坚定地回答。

那幽灵先是转过了身去，但很快地，他又挺起胸膛略带愤怒地站到了那个房主面前：

"可是，难道您一点儿都感觉不到，那棵梦的大树穿越千年，生长得比地球轴线、比宇宙树①更高、更有力？而且，它还在持续地变大并向四下伸展。您难道感觉不到，这棵由荒唐之物构成的美好植物已准备好了于此刻或是下一刻，将您作为无数果实中微不足道的一颗

---

① Yggdrasil，北欧神话中连接天、地、地狱的巨树。

扔下？您仍然幸运且安宁地挂在那细弱的枝头，自我感觉丰满、成熟。您不曾想到，您已注定了要落下。"

您会被抛下坠入世界清醒的睡眠之中，与美好的不可能性永远地诀别。哦，我的先生，在这之后，就像水流进饥饿者的嘴里一样，睡梦会于您的意识之中交汇。您的胃口会变得坚不可摧——但也永远不可能再被满足。

每个人都同时身处于许多不同的空间之中。其中也有一个化学空间，它展现了所有可以想到的化合作用之总和。迄今人们已合成了 3000 万种化合物。这个数字甚至可能是 10 的 60 次方。如果地球上的 70 亿人每天合成的物质同银河中的星星一样多，那么 10 的 60 次方这个数字可能还远远不够。但即便是对这样发展不足，甚至也许永远不可能发展的现实，人们仍然恋恋不舍。

人们谈论一种泡，并想象着那包裹着空气、会马上破裂的外壳。然而，还存在一种泡，它并非被气鼓起，而是在绽放。因为气泡与花朵，吹气与开花，它们都同样地源于膨胀。因此，风如此精细地吹着花朵，就如同玻璃与精神折叠花朵时那样。灌木丛中的玫瑰僵直着高耸于露台之上——那是火焰的把手，今年最后的花朵。

它高高地向外生长着，只想要更热烈地摇曳进秋日的心情之中。然而，花朵没有绽放，那些花瓣不曾裂开。那是一种声音的纯净，为了永远不会消失，那声音不曾响起。

简朴走在纷繁前头。这大概意味着，从事物的政治表面出发，达到其悲剧的简洁性。或者以普罗提诺①的方式：从复合体走向唯一的统一体。或者用物理学的说法：统一的场论，万用理论（Weltformel），万用理论（theory of everything）。

单纯者的妄想是一种盲目的愤怒（埃阿斯）。

聪明者（奥德赛）的妄想是一种自省。

裸露、陡峭、公开，是穿过复杂性的刀口。

在长时间地观察不可能性之后，那个裂口快速地愈合了，纷繁之物也重新归来。

在那群熙攘、忙碌的中介中做最中介的一个，这意味着他要传授最难、最高、最远与不可理解的内容，他是一个诗人。

---

① Plotin（204~270），出生于埃及，在亚历山大港求学，新柏拉图学派最著名的哲学家，也译作普洛丁或普拉丁。

唯一的沉重的舌头搅动着灰色的意见海洋。

根据《一块石头》① 这短短的几个字能划下怎样的界限，伊夫·博纳富瓦！

除了诗人，还有谁能成为丰富性的河岸？

只有人们爱的东西才能存活。今日，只有一个作家仍然无条件地爱着作家。他是俄国人，正如存在于契科夫或普希金时代的俄国人。

只要白痴有能力，他就应该像每日清点现金收入的人一样，不时地清点一下他的意识。这是为了检测他对自身状况的思考和感觉进展到了什么地步。

C. G. 荣格曾描写了黑暗的念头是如何入侵虚弱的头脑，以及承受者又是如何从中获得了发胀的意识。精神的膨胀。"很矛盾地，膨胀是意识的无意识化。当意识承担了过多的无意识，当意识的必要条件②——分辨能力消失了，膨胀就会发生。"（《心理学与炼金术》）

如果我们栖身于德语之中，那么我们就是穴居人，在可爱又漫长的每一天里招魂问卜。

---

① 博纳富瓦诗歌作品，标题法语原文为 "Une pierre"。
② 此处为拉丁语 condition sine qua non。

痛苦的教训是：过去更丰富，而当下更复杂。

方言正在消逝，支离破碎的德语在增加。听到他人临时凑合地或错误地使用自己的母语，这不仅令人痛苦，它更干扰或者说隐秘地阻碍了我们实际上掌握的母语能力。

然而，在自己的国家成为异乡人，并不是因为外国人或是移民，而是因为他的同胞们正在进行自我的去根化。异乡人不是被驱逐者，而是身处自己的时代，却用一门外语思考、言说、四处漫游的人。

但是，人们会如此评价所有更好的作家："他仿佛承载着圣杯一般承载他的母语，穿过了充满敌意的人群"（朱利安·马利亚斯[①]），这人群大概是由他的同胞而非移民所组成的。

如果瓦雷里的《风之线条》（*Windstriche*）认为的是："文学作品有一个任务，就是通过完美的措辞去展示民族语言"，那么一旦如今的作家能够作为勤奋的译者，将缩写和临时凑合的德语重新扩展和丰富；一旦他能够在计划合理的时期内，创造出与长盛不衰的经典文

----

① Julián Marías（1914~2005），西班牙哲学家。

学之间的联系，那么他就可以认为自己是幸福的。

你在考虑清零重置？最好干脆从但丁那儿重新开始？或者你想的其实是：人们从来就不曾离开过《神曲》？地狱之环是漏斗，它指向深处，变得越来越细，直至到达下界的尘世之王，魔鬼那儿。人类，无数独特的人就一齐顺着这长长的螺旋向下流动——一些人毫不起疑地就开始了，他们将自己置身于正确的螺旋之中，在纽约的古根海姆美术馆。无人知道，那些不断向下流动的人会最终着陆于怎样的"另一个世界"；也无人知道，他们又会与哪些其他生物相遇。但尽管如此，他们还是像曾经叛变的天使一样，选择了相同的向下的轨道，那是些曾经与人们混在一起的天使。同时，在天使及人类转变这一整个自上而下的过程中，在所有小小的上上下下之中，只有一些无足轻重的内部路段没有被归为"自上而下"或是"自下而上"。

不过，人们也会不断地想起反方向，对自己说："我想要升到那天上去，将我的椅子也抬高到上帝的星辰之上。"（《以赛亚升天记》，经外书）

就像维吉尔引导但丁那样，现在天使也带领着以赛亚从第七重天开始，从一重天下到另一重天，直至最终到了地下的魔鬼那儿。在那里，守门者不再需要任何密码，因为那儿所有的人都干着奸淫掳掠的勾当。人们用铁链穿过了索多玛人的身体，将它从他们的嘴巴与肛门里拉出来。

艺术家将首先从人类紧随天使之后的坠落认出人类。在坠落时，所有人华丽的假饰品也将飘落。只要他们还被自身意见的外壳所包裹，那么他们中的大多数就无法感觉到自己的坠落。有时，那个外壳会短暂地张开一条缝，于是，人们一边与其他人一齐向下降落，一边向外望着其他人巨大的、因痛苦而扭曲了的面容。

某个时髦的行为艺术导演给他的节目起了个浮夸的名字——"悔改"（metanoia）。他用神学的空话来装饰他对媒体的混搭，却从未遵循言语的要求。现在，人们会轻易地因为空洞的宣传而改变思想、回心转意。对文化垃圾回收再利用的人，他们过于用力地按压着气管，脸涨得鼓了起来。几乎像个超市里的漂亮女生，她从丰满的双唇中吹出粉色泡泡；也好似一只胀气的青蛙，在探测书架的时候，它自己都没意识到，它的嘴巴已经鼓了起来，就像那个容量很大的词——晚期——所吹起的气泡，它会出现，然后爆炸。晚，是对所有时代而言的，在宗教、道德、风格或是生态的意义上。

晚并不了解其局限。同时，出于热力学的原因，不可能存在一个与晚无关的时代。因此，只会不断有新的晚出现，直至事物到达最高的"互相区分"的程度。无尽的错综复杂，但永远不丰富。

不同于引人去同意所有观点都是永恒地不断交替着，每一个观点鼓吹的其实是，让人们以它们而非其他的方式去看待事物。然而对于精神，尤其是有才智的精神来说，其最享受的莫过于这种指明方向妄想症的发作。

小聪明，从火焰的余烬之中蹦出的火星儿，它们一直很受欢迎。摸索性的想法通常难以激起多少好奇心。尽管如此，对于那些最敏锐的头脑而言，如果要在一片无声的黑暗中继续前行，摸索将是最为可靠的必要条件。

我们愉快地在德语里区分着单词和句子，人们也许可以因此说，为了能变换几个句子，我们需要大量的词汇。

渴望模糊的言语。我妈妈年轻时，曾被圆帽的面纱遮住了面庞。那言语就像她的面庞，它有一些内容需要被人理解，而我尚未理解。

但是艺术的意义就在于，用清楚的语言去将一些内容变得不再一目了然！

关于情欲和语义的暗示之火，已经被人一视同仁地扑灭了。相应地，人们也丧失了理解幽灵苦行的能力。此外，那个将自己全身包裹起来、从黑暗之中向外张望的女人，那个穆斯林，她也因此被人们贬低为一个带有政治意义的庸常现象。

（在一个民族、社会、团体、人群之中）长期的无政府状态是不可能的，但这种不可能性可以在物质的自组织概念之中被改写：在热交换，即冷热表层之间的对流发生之时，人们观察到，大量分子自发地形成了相互关联的运动。根据贝纳德①的不稳定理论，只有能够引发理想热交换的波动，才会不断自我增强。这个波动将牺牲其他所有波动来占据支配地位，同时它也奴役它们，它们将因此渐渐消失。这种集体的运动导致了一个秩序参数的产生。混乱和无秩序会不可避免地带来一个占据支配地位的振动，它最终会"创造秩序"。

---

① Henri Bénard（1874~1939），法国物理学家。

　　当我们谈论肉体欲望的时候，心的"肉体的"属性与其意义并不相同。心是最严厉的苦行，它是在地球上、在这个尘世之中绝对的工作势力，它将人们所有对于工作的理解都置于脑后。心是如此瘦弱，它被储藏起来、专注于自己的内在——它是一个不分昼夜、辛勤工作的隐士。

　　自从我通过超声波探测见到了它以后，我爱我的心，我钦佩它。心脏二尖瓣膜——还有，一切的运转！它已经如此运转了几十年。心室壁肌层变厚了一些。主动脉没有钙化。这个环状，这个突起，它们收缩、舒展——可以舒展得更好一点。我怀着极为敬畏的心情，看着这深色的、湿润的、肉体的中央器官。现在，它是最高级的比喻！它是这个尘世上最为富有也最为勤奋的——除了统摄职能，它还为文学服务。它是不知疲倦的——而我不是。在我的胸腔之中，它是无可比拟的他者。拱顶与环状血管。心脏停搏，当一切事物中最为勤劳的它放弃了，这是它与其非历史的历史的完全决裂，这不是节制，是停止，是保护，不可能再延长。

　　假设在我们最后的信念都消亡后，外来民族的礼仪风俗会袭来。它们摆脱了自己的时代，犹如一支骑着马的商人队伍，正带着可靠的信仰之选朝我们赶来。然而我们没有任何抵御这场攻势的办法。我们能做的只是站在一支队伍面前，它为我们提供同步、同时也互斥的选项。这大概意味着：

在这儿，有一支犹如拜火教教徒的队伍建起了沉默的塔楼。在这塔楼之上，你的尸体将被作为饲料献给那些猛禽。在那儿有另外一些人和埃及人一样认为，死人与木乃伊需保存得完好无损，因为这是永生的前提。下决定吧！做出选择！是革新还是延续？

12

除了社会新闻（FAITS DIVERS）还剩下什么？

北极圈在消失，海平面在上升！而这还只是最小的问题。比这糟许多的是，除了他之外，没有人这么认为。

比起白痴不由自主地感受到的震动，这个世界严重的惊恐只能算是最微不足道的。也有很棒的事情发生，但是正如之前宣称或是讨论的那样，它会陷入介于接收者与僵硬事实之间的安全缓冲地带。通常被人们用于互相沟通的风俗惯例，将永远不会因这件很棒的事情而陷入危险境地。人们寻找着一个已被公之于众的时代转折点的痕迹，但只是徒劳。因为，这个转折点公开地出现时，并未损害人们习惯了的理解。这是一条与其他所有新闻一样的新闻，其震动因通过了防震测试的惊恐而得到缓解，人们通过诠释与喋喋不休的讲解、领会与概念的厮杀，得以与其保持距离。

傻瓜之光

致命的螺旋——有多少次，人们都用了同一幅破败的图景来描绘那摆脱了民主控制的东西：被解放了的市场，用强制的竞争与效率来伤害公序良俗……经济螺旋的螺圈从未显得如此走投无路——是向上变细？还是向下收窄？与之相对的是，社会的建构主义，即社会主义只能填满某个时间段的凹陷。如果还有至少半个世界是由这样的凹陷所构成，那么它将直到现在还保持活跃。

仅仅因为社会主义未曾实现期望，并不能让资本主义变得更能让人忍受。相反，它的沾沾自喜、缺乏个性和贪得无厌，变得令人愈发难以忍受。拥有堆积成山、数量多到不现实的资本，对一个人来说意味着什么？而如果是公司与大型企业占有这样的资本，那它对国民经济又意味着什么？

去赊购有问题的公司，为了能够迅速以高于20%的利润将它们卖出，在尽可能短的时间内对其进行整顿——这个叫作私募股权，它不过是为资本设置了一个目标：生出更多资本。再也没有哪个业主会觉得自己与某个所有物绑定了，或是对其负有责任——因为它会迅速地落入他人之手。

工人不再认为自己在为企业效劳，而是认为自己身处金融交易的活动之中，可能被解雇或是被替换。现在他也能"想起"，生产地点与生产方式就如同不断交替的公司高层，它们是如此短命——瞬息万变！尽管如此，他仍然是这样一个利润经济之中最为保守的元素。经理则与他相反，经理好似一个政客。政客可以今天还在卫生部当着主管，明日就换到交通部成了领导。战略专家则可以从电子企业跳槽去保险公司。不论在何处工作，他遵循的都是同一套盈利标准。利润，就是他的良心。

结局只能是，对抛弃与需求匮乏摇摇头。无论如何，与对手联手反对资本主义是不可能的。在资本（经常是拜它所赐）的另一面早已有了大量值得被储藏与看护的商品。市场的狂热令我们不得不在哀歌之中寻找避难所。将我们赶上了逃难之路的凯旋队伍，它是情绪的而非行为的。

只有创造了历史的神话，才可以将历史再度收回！

人们会想起像巴霍芬①或是兰克－格雷夫斯②这样

---

① 此处应指 Johann Jakob Bachofen（1815～1887），瑞士法学家、人类学家，专门从事罗马法、人类学研究。
② Ranke－Graves（1895－1985），英国诗人、学者，专门从事古希腊、古罗马作品的研究。

的男人。他们如此醉心于希腊的神话世界，无可避免地被网罗、卷入其中。他们被暴力地扯进昏暗的树丛，最终完全信任了这个神话世界。这仅仅是因为，关系与阐释的网在最后捕住了他们，就仿佛火神赫菲斯托斯用大网捕住那对不忠者——是他的妻子爱神阿芙罗蒂特与她的情夫战神阿瑞斯。二人因为在偷情地点被捉住，成了被唤来的诸神的笑料。理智的研究者所提供的景象与此相似，他们与神话通奸被抓了现行，喜好批判的时代同仁因此得以幸灾乐祸地大笑一场。

神话，经过涂抹的永恒，它限制了进步与自我摧毁。它是不含末世论的抑制剂。当然，作为基督徒，人们会有一种末世感！而如果人们心绪之中有更多的希腊成分，那么人们对未来的感受会更为自由。没有使命，就没有对得救的期盼。学会受难，那就会是全部。

被一种呼吸着的外壳包裹着，人类得到了一片受保护的领域。谢天谢地，未曾被伤害的还有：一直在不断更新的鲁莽。

那么，如果现在的一切最终都导向虚无？

但是，那它也是值得的。

或者，甚至更值得。

我们所考虑的虚无，与我们未来是什么存在毫无关系。

一个人要占有自己的过去，只是为了能时常好好地叹息一把。因为叹气是翻筋斗，或者依我看是吸气的后滚翻，和吸气一样是不可避免的。从叹息声中解放的心是没有语言的。换句话说：你的语言如果离叹息声的基础音调越远，那么它就越可能仅仅为人们那种仿若鹅群的声音联系服务。

在生命的最后一刻重新恢复最具生命力的状态；轻柔地坠入过往的天堂绒毛之中，这是多么令人安慰的想象啊！让·保罗认为，为了最后的时刻，我们需要回忆最好的时光。在其散文集《秋日繁花》之中，儿子也为濒死的父亲回忆起了过往。

回忆者开始回忆某个时刻的原因仅仅在于，他想要再次享受他在那时所拥有的天真。回忆者强烈地想念着曾经缺乏经验的状态，他在回忆之中寻找着已经失落的天真。而只有回忆才能让其浮现！正如研究所做的，不过是制造有待研究之物。

只要远古的神灯指引着你……远古，一个和"曾经"一样美好的词。去将那时的一千零一夜一起召唤来吧：在很久以前，那曾是你的时代。

回忆是一件事。激烈的彼时则是完全不同的另一件事，只有梦境才能再现它。

在夜里我在那儿，当时我在那儿，但那只不过是一场迷人的全面排演。

这个梦境好像一个存在于洞穴之中的救人气泡，那洞穴被象征着遗忘的地下水所灌满。

有哪些今日简单的沉积物，有朝一日能扩大物的象征世界？第一条短信会构筑出一个往昔吗？另一个更重要的问题是：从这个无法摆脱、不断自我更新的当下，究竟是否有可能诞生一个彼时？

往昔那巨大的金球，就好比擎天神阿特拉斯扛起的苍穹，日复一日愈发沉重地压在那个男人身上。不是年龄，也不是岁月，正是彼时这个金球压弯了他的肩膀和脊梁。背上的这往昔之金令他越来越笨拙、忧虑和迟钝。最终，街道、广场和公园也因此都不再适合他。当下是如此漫长、不可忍受。在一片死寂之中，他将最爱的水果和蔬菜切成了小方块，然后反复将它们切得越来越小。

因聪慧而变得疲倦，又因疲倦而重新变得聪慧。

嘴是人的终点。嘴，突然中断。嘴，最外部的外部，然后结束。

白痴有必要为了那些互相理解的差不多先生而折腰吗？他们不就是持续奔腾的河流？而他不就是一洼静默的死水，还有青蛙在那儿产卵？在他那儿，满是小动物和进入了红色名录的濒危植物。

轻松者统治着全世界的互相理解。在这位陛下面前，甚至悲伤者也会弯下腰来。

无动于衷状态玩弄着最为隐蔽的情绪差异。作为情绪典范的冷漠（保持着酷）会导致心缩小成为被监禁的肉瘤。

遍布石头的白痴，他无法通行且干渴着。他在嘲笑那条通往舒适的出路，那笑声令石头都滚动了起来。

永远不要不带孩子就上路。

席勒在《论质朴与感伤的诗》中曾指出，我们想要抚摸一个孩子，并不是因为他看起来十分无助，而是因为我们在自身的限制和命运之中，会虔诚地仰望他那无限的可能性。

这一观点可以追溯到心理学及其"儿童模式"。比如，我们可以观察科学是如何降低并肤浅化我们真正的知识。

自霍布斯以来，一个理念就一直被视为商业贸易的座右铭：预防最糟糕的事物也很重要。而非：如何才能让一切都健康发展。

无动于衷者总是用倨傲的态度审视一切。他并不认为需要为自己的所见、所思、所梦负责。所有试图强加给他或是向他炫耀的事物，都不会对他产生丝毫影响。"我们的眼睛看着夏天，而我们的思想住在坟墓里。"他借用波德莱尔的话。无动于衷成了他灵魂的皮肤，它包裹着灵魂就如同橡胶潜水服包裹着潜水者。他瞪大僵直的双眼，潜水穿过自己所有的知觉。那双眼里既没有惊恐，也没有抱怨。仿佛鱼儿游进鲸鱼的嘴里，事物就这样游进了那双眼中。

与其让梦的财富躲过嘴的弓箭，不如让笨蛋从比喻中溜走。

与其让隐居的小屋再度变得神秘诱人，不如让世界在其世俗性中内爆。那小屋也许还能发出不少引人深思的信号，而所有人在光临这小屋时都不需要全副武装。积极分子只与自己人待在一起，他们所能理解的也只有积极的活动。

蒙田在 1580 年拜访托尔夸托·塔索①的时候曾说："在费拉拉②看到他如此糟糕的光景时，我的恶心超过了同情。他活了下来，但他失去了对自身及其作品的所有认识。"

在塔索的诗作《创世》（*Die Schöpfung*）的最后，年迈体衰的人类双膝跪地，在向上帝祈祷着。

白痴给我们布置了一个谜题。这意味着，他保留了对神秘事物的参与。这余下的世界曾在很长一段时间里充满了捉摸不透的谜题，但努力且毫无谜题可言的人用其满腔热情让它们消失了。白痴可以被看作一种标志，他象征着一种基本的对世界的地下理解，人性的方式也被谴责着列入其中。

---

① Torquato Tasso（1544~1595），意大利诗人，作品有《被解放的耶路撒冷》等。
② 意大利东北部城市，也是费拉拉省的首府。

13

就像波吕斐摩斯①投掷岩石那样，叛逆的年轻男女怒气冲冲地从宿舍阳台、屋顶上扔下了大件家具。家具被扔到了大街、车道、公园小径，还有汽车和婴儿车的车顶上。警察们冲进了大楼。那群愤怒者迅速地消失了，他们现在正无辜地坐在自己的笔记本电脑前。

但他们是反叛者吗？——或者，不如说他们是从远处来的被反叛者？

黑夜从那群书呆子中放出了一群生气勃勃的死者，他们在自己的天真里找到了避难处。叙述艺术的反叛性原始题材、作为原型的图像、造成混乱的食尸鬼，它们蹑手蹑脚地靠近他们。它们在寻找着空虚和天真的人，

---

① Polyphem，希腊神话中吃人的独眼巨人，海神波塞冬与海仙女托俄萨之子。在荷马史诗《奥德赛》中他曾用巨石封堵洞口，摔死并吞食了奥德赛一行中的几人。

因为它们需要依靠这些人前往白昼，因为它们想被人记住，因为它们要诱惑这些人，令其短暂地做出极端的举动，产生突然的返祖现象。

人们也许能够记得，几年前那两个食人族是如何被网络捉到一块儿的。他们阉割自己鲜活的躯体，然后一起将烤好的生殖器吞食干净。与此同时，他们所有的举动都通过网络摄像头被上传到网络，供人"飨食"。

这还是那个人们可以在它面前闭上眼睛的世界吗？或者说，它是个统一的影子世界，早已溜到人们的眼皮下面？人们被卷入其中，半睁着眼看着，半说着胡话。那伟大的无形体之物，它扩散、聚敛、向前进军。

白痴的床头柜里有一整个抽屉的表情徽章。这些数不尽的徽章上有着人的面孔（antlizzi，古高地德语的"对望之物"）。每天清晨他都会从中挑出一个，然后将它像党派徽章一样别在大衣的翻领上，戴上整整一天。一个远远避开人群的人类党员。一个在对望之物稀缺时收集着面孔的人。

《拿破仑法典》① 规定：禁止非婚生子女寻求其父

———————

① 即《法国民法典》，又称《民法典》。

认领（La recherche de la paternité est interdite）。将这句话稍微变化一下，后弗洛伊德式自我解放的第一条规定就诞生了：禁止寻找自己。不要知道你是谁。每个人的自我了解都是对自我的限制。

为了克服过于放松的两性之间的反欲望倾向，存在着一部新的色情宪法。它的指导原则听起来与上文的规定几乎一样：你不应该知道你是谁。每个人的自我了解都降低了其性魅力。

那些永远不被他人目光聚焦的人，他们总是轻易地评断不幸的迷惑者。然而，他们对于令人迷惑的奥秘一无所知。

光的发射与反射。这让每一个光子都想起了它最初的一跳：容器破裂时的溢出（放射）。光子本身仍在奋力向后退往未射出的光子那儿。

宇宙在不停回忆所有物质最初的一致。只有我们没有。但是"也许我们的记忆压根儿就没有被存储在大脑里呢"？［参见鲁伯特·谢尔瑞克①，《自然的记忆》，(*Das Gedächtnis der Natur*)］

---

① Rupert Sheldrake（1942 年至今），生物学家、作家。

唯一不透明的，只有光。

一棵颠倒的树（Arbor inversa）——人的图像。他的根插入了天空之中。（亚里士多德认为是插入脑子里）

你在做什么，树？

我在尝试过时。我从彼岸汲取水分，我在大地上摩擦树梢。我不觉得有任何混乱。

魔性的经脉靠着常胜的压制技术在地下运转着。它在这儿分出枝杈，然后又突然在某处作为全新的源头出现。生机勃勃的自然，其循环并不存在于沉积物或是地貌之中，它的显现是突如其来的，如同火山爆发一般。

"德国人有能力做出惊人的事业。然而，他们不可能真的去做。"尼采，这位预言家不可能错得更离谱了。

大家对构成德国人的所有成分早已烂熟于心，尤其是可怕的那些。重要的是，要更加铭记过去。坚定地做一个在历史上有重大残疾的人，了解最糟糕的事情，生活得毫不引人注意。这产生了一个虚伪的人物，他只在人们特别询问时才展现出老练的受害姿态。

我们，第一批承办了这一切的人。我们曾将帝国与人民残暴地颠倒——完全相反的颠倒，它们就此一度保持着颠倒状态。

最后一个人在血泊中被送走，血如同冷酷的礼节，从兽嘴里淌出。

如果德国人特别外向地说话，那么他们只会是好的。他们已经如此敞开心扉，再也不会踏上回头路。

正确的、好的政治正在用规定来监督新式市民生活。道德被切分出的那部分，只有好的那部分，它往往只是一种补救的形式。它适合于作为突出代表的少数派，他们曾一度只是些干练的个体，即所谓局外人。在这个过程中，人们可以在那好道德之中看出某种狂热。因为这种信仰般的攻势首先关乎的并非法律，而是道德。它教导冷漠的大多数人，如何让不正常的生活方式重新市民化。这些大多数没有什么反抗就接受了它。他们通过自己的漠不关心让社会治安，连同经济的蓬勃发展一起，被再度加强。对好道德的异议不适合这儿。如果人们看得再仔细一些，就很可能发现，这蹩脚的好道德有着独裁的轮廓。

"浴缸排水时，在排水口上方的旋涡中心里一点儿水都没有。与此类似，在一个量化的旋涡中心里，也没有任何原子。"旋涡的空心。言语最湍急的旋流中心，是空心、空洞、空无一物。然而空洞的言语还不只是空洞。其中充满了一个有力的低压，一个强烈的旋涡：全球的。那空洞的言语将你从污点中拽出来，它解放你，它使你摆脱自己的位置，它令那位置摆脱其历史，它让那历史摆脱有限的意义。那有限的意义为真正的独立者占据了位置。

男人把长方形的金条放到了面前的木桌上。他想要探索金条内部的秘密。他想着：在这闪闪发光的金块里应该隐藏着一个秘密，我必须要砸开这块金条！于是他拿起了锤子和凿子，试着努力地将金条劈开。可是金条里没有任何空心的部分，那里没有藏着任何指示、信息或是黄金的标记。这块金子完完全全只是金子，它所拥有的只是金条本身，没有任何秘密。然而男人依旧沉浸在探索和打捞之中。他没有因纯粹的黄金而眼花，他在继续将金条凿得越来越碎。

您能帮我换开 60 欧分吗？

换成多大面额的？

一个 50 分的，一个 10 分的。

可是这两个您已经有了。

傻瓜之光

我想要不同的硬币。

这是一个对欲望的简短比喻。渴望以不同形式得到相同物质，却不愿以不同的比例，比如 3 个 20 分的硬币。

西蒙·斯泰拉特①曾来到赫利奥多罗斯②的修道院。赫利奥多罗斯在三岁时就已经搬进了这家修道院。那时，他对这个世界的事物还一无所知。也就是说，他甚至不知道鸡或猪究竟长什么样。

斯泰拉特，居于柱上者，天线。过重的使命发射出电波，在圣人口中制造出了一种迷醉，宛如那微弱的信号。那是白痴从这个世界所接收到的信号。

倾听一切。偷听我的时光自言自语。

对过去的事情喋喋不休，从一个人到另一个人，传播谣言。

需要学习的只有：狂热的价值。"一种被推到疯狂边缘的精神快感。"（于尔根·冯·德文泽③）

---

① Symeon Stylites 即本书第 15 页注释中的圣西蒙。

② Heliodorus，修道士、修道院院长。公元 5 世纪生活在叙利亚高山上的修道院之中。

③ Jürgen von der Wense（1894～1966），德国作家、翻译家、作曲家。

在生活要把你吞噬干净之前，先吞食生活。

揭露（ἀποκαλύπτω）——我揭破、暴露，没有丝毫"不知羞耻"的共鸣。与此相反的是，"我不会显现自身"编织了宗教第一个也是最后一个谎言。正是对显露的恐惧，吸引着怀疑论者与不信教者。

考虑到读者市场，博学在最好的情况下是一种反博学。一个贪婪的读者是无法靠新书的预付款过活的。他会去挖掘那些宝藏，它们几乎谈不上是隐秘的，更多只是被人们刻意忽视了。

在此期间，每一个汽车轮胎都要求得到一个有文化的概念。因此，人们之前真实培育出的事物必须要被重新命名。在广义上来说，是要为它们添上与一种自我的贵族做派。

在霍夫曼斯塔尔看来，现代的姿态就是一个人手中握着一本书，就像从前的姿态是一个人跪着双手合十。

现代晚期的姿态是一个人将手机贴在耳边（或是戴着耳机，一个人喃喃自语，完全是白痴的忠实翻版）。阅读者的自我状态和跪拜者的一样，都是他们参与的前提条件。不同的是，一个有无数参与者的大群体不排斥任何事物与人，它不接受的只有那自我状态，这个大群体的缩写符号是"网络"。

人们活在各种各样的共鸣之中，就像有些人在共鸣中写作或是谱曲。对我们来说有特别意义的经历，都有着某种特定的样式。那些经历包含着评价和挑选的过程，它们源自我们早先的生活方式，并且以绘画、书籍、电影的形式，通过普遍的对艺术的感知，秘密地渗透了我们的意识。

伟大的作品用言语以及言语的运转，面向我们书写。我们已经不再使用那些言语及其运转，它们也因此对于忽视语言的人保持着沉默。是的，要是在语言和远离语言的讲话之间能至少存在一个"摩擦表面"就好了！从前曾经存在过一个，那就是学校的课堂。

语言——对荷尔德林来说它是神性的——不会击中未参与者。

文学的圈子始于一场在市政厅举行的朗诵会，它经过集市广场，最终扩展到了街头巷尾。一个慢腾腾经过的姑娘问："如果那位将军的遗孀其他什么都不会，那么也许钱会在背后发挥一些作用，对吗？"

她援引了《战争与和平》中的一个片段。我在证实了她的猜测后继续往她的手边走去。她脚上那双已变形了的拖鞋让我很不舒服。接着我们来到了一辆轿车前面。车顶上有个盘腿坐着的人，他在给朋友朗读改写之后的《情感教育》①。它来自一家名为勒马尔许（Lemaersch）书店的出版社，它专门出版改写自著名小说的书籍。

啊！人们会被陌生的风格所吸引，就如同远方难以踏足的异域所带来的诱惑一样。而且，世上陌生的风格是如此的丰富，甚至超过了地球上国家的数量！

一切都还像从未发生过那样吗？

或者，其实过去那些伟大的作品，早已描写和叙说过我们此时此刻的一切了？人们在怎样的画面之中理解我们？我们又是在哪些场景之中被永恒地困住了？

未来会在由分子构成的读者面前保护我们。表面上看来，读者正在迅速地浏览着书本，但实际上，他正在通过神经的刺激来扫描书页。这也许只是他所探寻的风格？或者，这也许是某些更为神秘的东西？它让我们这些专业的解码者永远无法拥有文字。也许，他是一个对词语刨根问

---

① *Erziehung der Gefühle*，法国作家福楼拜于 1869 年出版的长篇小说。

底的读者，每个单词都要通过语言发展的历史一探究竟？阅读具有一种尚未被查明的"迷魂药"作用，它为他的陶醉状态提供新的养料，但无论如何，这已经对他失效。很明显，他阅读的原因不再是想要加工或是替换这个世界，也不是出于精神的游离，而仅仅是为了刺激大脑内部，去生产能带来良好感觉的神经传导物质。

美好的不合时宜性。它的微笑映出了它的良心，它的良心映出了海涅的诗行。一种身体的呼唤正在迫近，尽管很轻。那呼唤是不合时宜性的脚步踏在人行道上发出的声音。在不合时宜性之中，所有事物都已准备好了要与美好之物相遇，那是不可能存在于其同时代人群中的美好。它按照字面意思去理解一个诗人冷静的、美化了事物的言语。不合时宜性就这样存在着，它存在得越久，得到的就越将是预兆，而非经历。

幸福的思考肯定位于不假思索与深思熟虑二者之间的某处。在普罗米修斯的先见与厄毗米修斯①苦涩的后

---

① Epimetheus，神话中普罗米修斯的弟弟。火神赫菲斯托斯用黏土制成了大地上的第一个女人——潘多拉。为了报复普罗米修斯盗火，宙斯将潘多拉作为人类的第一个女人赠予厄毗米修斯。自"潘多拉之盒"中飞出了疾病、罪恶等，给人类带来了灾难。

知之间。厄毗米修斯接受了宙斯复仇的礼物——有一个盒子的妻子。尽管哥哥普罗米修斯曾有先见之明地警告过他，但他仍是直到事后才开始思考这桩不幸的发生。

然而，他的第一个妻子，潘多拉，其实是由火神赫菲斯托斯所制的仿造品。她只是大地女神盖亚的仿制品，并因此（充满讽刺意味地）得到了现在的名字。放出了一切的女人，一个有生命的玩偶，一件艺术品，即"一个在锤子与斧头的敲打下，如满月般升起的女人"。（柯雷尼①）一件艺术品必然会给人类带来灾难。不需要"夏娃，第一个潘多拉"②。

因此，男人本是一个为女人做的注释。男性结结巴巴地翻译着女性产物。

被拯救也拯救人的未来女性。弗朗茨·布莱③在特别的安妮特④身上嗅到了这种女性先驱的味道。她游戏文字的随性精神引发了混乱，她的情感具有创造的力量——这位女性，她是人类最后的乌托邦！在当时依旧

---

① Karl Kerényi（1897～1973），匈牙利古典语文学家、宗教学家。
② Eva prima，此处指法国 16 世纪的画作《夏娃，第一个潘多拉》（*Eva prima Pandora*），也被译作《潘多拉魔瓶前的夏娃》。
③ Franz Blei（1871～1942），奥地利作家、翻译家、文学批评家。
④ Annette Kolb（1870～1967），德国作家与和平主义者。

是。她不服从并且反抗可被测量的具体与实体。但那个"男式衬衣在柔软胸脯前绷紧①"的遥远时代很快就过去了，德国女性抛弃了对女性的规定。随后而来的是工装裤、牛仔裤和户外运动外套。被拯救也拯救人的女性，对她出现的希望同她的裸露一起消失了。无害性战胜了天才。作为社会伟大成就的无害性。

如果将整理了头脑的所有分类打散，那么人们就会成为疯子。归类——听起来像是"陈词滥调"的手足。不，这其实是具有统摄地位的总括概念。在这些上位概念之下，人们可以将某物撒至安全的地方。那是在仔细地观察下，完全有别于死亡，甚至不能与死亡相比较的事物。将达成一致灌入一瓶概念之中，然后将它用软木塞塞紧。"优雅这个词，已经和西方女性再没有什么关系了。"这句话也许是对的。但是，在这个沟通的指示牌背后，隐藏着什么？（被归类了。）西方，女性，古典……一切都再度关乎归类，在其中肯定又相互交错着无数的类别。去仔细地解开那一团纷杂的混乱吧！

---

① 语出自 Blei 对 Kolb 的评论，参见《知名女性的荣耀与悲剧》(*Glanz und Elend berühmter Frauen*, 1927)。

或者干脆就让它保持原样。归类的出现并非没有原因的，其后隐藏着某种需求，要求修剪复杂性、中止猛增的分化。理性必须使用归类作为大坝，去抵挡支持与反对的洪流、如果与但是的洪流、造反的个体所组成的洪流。或者我们可以这样问：复杂性是不是不可避免的？实际上，我们只能够意识到或是包容这复杂性，然后于紧绷的状态中向外发射一些信号。复杂性是无法被解决的。

人们质疑对精神魔法的大量使用，它最终对人们行为所产生的影响曾是那样的微乎其微。

一种欲望，去再次畅游于影响力的水域里，就像身处清新的泉水之中一样。

走下楼梯，从书架上抽出一本荣格·施蒂林①的书，引用一份早期且曾颇显天真的读物。"他们曾在马匹的马蹄下粘上苔藓。"没有虔信主义就没有德语文学，其中也同时包含着它的毁灭。除了威廉和海因里希，德语短篇小说中再没有别的名字了。二者都是精神德国人在王朝时期的名字。你认得那些准则！你知道，

---

① Jung-Stilling（1740~1817），德国眼科医生、经济学家、作家。

傻瓜之光

如果时机成熟，《漫游年代》①会不断地被继续书写。

有多少草率工作着的人！网络管理人员、废物处理人员、编剧，还有举行一切活动的主办者！这其中没有任何安静的动物学家、有功勋的军人或是切割金刚石的技工。

与此相反的是那些职业人士。阅读着的少年，作为学生的他一开始是通过小说认识了他们。矿工、牧师、管家——这些人物带他从小说来到了人类世界。他们刻画了一个图景，它象征着人物与职业之间的和谐一致。他们的工作适合那些故事，根据他们的职业，人们曾经可以说些故事。而在今天，这些人的职业成了大部分人真正的工作。人们的职业不再取决于出身，它们只是为人们的野心提供刺激，职业成了人们的一种手段，追随社会议题、建立社会地位、满足利己欲望和自我疗愈。因为一些早期文学作品的诱惑，人们首先会成为一个时代错乱者。这些文字本身也将不合时宜作为一种诗意的空间在使用。来自过去的叙事魔咒留下了一批最早的印

---

① 漫游年源自中世纪习俗，学徒期满就业前会四处游历一年。歌德曾著有小说作品《威廉迈斯特的漫游年代》。

记。这些印记会终生潜伏存在着，并直至晚期才发挥出全部的影响力。在这影响力之下，总的看来，就业的普遍进步是令人绝望的。在这儿，没有任何人能够实现文字所描写的生活的尊严。在那种生活之中，人们讲述的冲突有着沉默的前提，它由坚定的、温暖的和相关的事物所构成。

在事物变得可知的时代开端，人们所说的相同的话，属于"每日随时光流逝的漠不关心"（齐美尔①）。一旦跨越这个开端，世界历史就产生了。

同样有道理的还有：今日颠扑不破的真理，在明天就会成为废话。没有任何言语能幸免于此。

《圣经》的《诗篇》第18篇的开头有一个传话：苍穹描述造物主的荣耀，白昼郑重地告诉白昼，黑夜则向黑夜发出言语。这夜到那夜传出知识。这句话一眼看来仿佛在说：夜晚只会与另外一夜分享它的知识。梦境也只能与其他梦境互相理解。

人们也可以说：生命就这样运转着、迷失着，或者

---

① 原文应指 Georg Simmel（1858～1918），德国社会学家、哲学家，著有《社会学》和《货币哲学》。

可以说，当人们从宇宙接收到生命之时，它就在燃烧直至殆尽。没有什么能在日光之下循环并回复原初。时间会战胜一切，最后亦战胜自身。它的箭头会穿破一切循环与复归。安慰一切的轮回会被箭头杀死。发明循环，只是为了安慰我们。

白痴说：我——变得好看了。那面老旧的镜子已经跟不上了。我还能在哪儿看见我自己？

年龄在魔法与童话剧中脱落——或者皱起变成丑陋的干枯。本雅明曾谈及一种"身体在衰老时深情的生长"（谈及保罗·瓦雷里时）。

从前人们所认为的老人，如果谁能对他们解释清楚古典时期的老者，那么这个人将不会在未来因自身的衰老而不知所措。

从一切阴影中解放出来的人，创造了一个高龄者的社会。

在文化上有存活能力的古人拥有一批追随者。因为精神的进步，这些追随者实现了一个不断循环年轻化的社会。伴随着经济的增长循环，那些解放出来的人负责推动社会的进步。他们运载着一个渐渐枯萎的社会。

普桑①在他生命的尽头曾说过这样一句美好的话：我从未忽视过任何东西（Je n'ai rien négligé）。

我从未忽视过任何东西。

如果现在有人能这么说就好了！人们无法说：这个时代一切令我思索的东西，我都已经考虑过了。没有人终其一生能够来得及完成这件事。然而，我从未忽视过任何东西——这就已经是极限了。

---

① 原文应指 Nicolas Poussion（1594～1665），17世纪法国巴洛克时期画家，法国古典主义绘画的奠基人。

14

他现在温和且吃惊地踱步到了人群之中。在人们看来，他早已是枯竭之物。这一点他自己似乎也有所察觉。在那儿，他整个人只是用来供人忽视而已。然而，他不能在人群面前表明心迹，对他们说：现在，又一个智者来到你们中间了！

不，他只能很偶尔地做一些沟通，但那是一种充分的沟通，与可以交谈的及讨人喜欢的人。对他而言，他本身的立场是唯一正确的立场，但不值得推荐给任何人。他永远不会为了这个立场做什么煽动性的宣传。

没有向往之情。没有确定之物。不如说，这是一种花一般的存在：纯粹地朝着光绽放。

没有对结局的期待。因不可预见之物而被温暖。

禁欲带来的愉悦感是白痴最主要的情绪。

如同一个被动参与聊天的人，他就一直这样地说着话。

图书在版编目（CIP）数据

傻瓜之光：白痴和他的时代 /（德）博托·施特劳斯著；何婧译. -- 北京：社会科学文献出版社，2018.1（2019.10 重印）

书名原文：Lichter des Toren：Der Idiot und seine Zeit

ISBN 978 - 7 - 5201 - 1813 - 2

Ⅰ.①傻… Ⅱ.①博… ②何… Ⅲ.①哲学 - 德国 - 现代 Ⅳ.①B516.6

中国版本图书馆 CIP 数据核字（2017）第 279598 号

傻瓜之光
—— 白痴和他的时代

著　　者 /〔德〕博托·施特劳斯
译　　者 / 何　婧

出 版 人 / 谢寿光
项目统筹 / 段其刚　董风云
责任编辑 / 张　骋　周方茹

出　　版 / 社会科学文献出版社·甲骨文工作室（分社）
　　　　　（010）59366527
　　　　　地址：北京市北三环中路甲 29 号院华龙大厦　邮编：100029
　　　　　网址：www.ssap.com.cn
发　　行 / 市场营销中心（010）59367081　59367083
印　　装 / 三河市东方印刷有限公司

规　　格 / 开　本：889mm × 1194mm　1/32
　　　　　印　张：5.375　字　数：87 千字
版　　次 / 2018 年 1 月第 1 版　2019 年 10 月第 3 次印刷
书　　号 / ISBN 978 - 7 - 5201 - 1813 - 2
著作权合同
登 记 号 / 图字 01 - 2014 - 5204 号
定　　价 / 46.00 元

.